365 REFLEXÕES ESTOICAS

Conheça os títulos da coleção SÉRIE OURO:

365 REFLEXÕES ESTOICAS
1984
A ARTE DA GUERRA
A DIVINA COMÉDIA - INFERNO
A DIVINA COMÉDIA - PURGATÓRIO
A DIVINA COMÉDIA - PARAÍSO
A IMITAÇÃO DE CRISTO
A INTERPRETAÇÃO DOS SONHOS
A METAMORFOSE
A MORTE DE IVAN ILITCH
A ORIGEM DAS ESPÉCIES
A REVOLUÇÃO DOS BICHOS
ALICE NO PAÍS DAS MARAVILHAS
ALICE ATRAVÉS DO ESPELHO
ANNA KARENINA
CARTAS A MILENA
CONFISSÕES DE SANTO AGOSTINHO
CONTOS DE FADAS ANDERSEN
CRIME E CASTIGO
DOM CASMURRO
DOM QUIXOTE
FAUSTO
GARGÂNTUA & PATAGRUEL
MEDITAÇÕES
MEMÓRIAS PÓSTUMAS DE BRÁS CUBAS
MITOLOGIA GREGA E ROMANA
NOITES BRANCAS
O CAIBALION
O DIÁRIO DE ANNE FRANK
O IDIOTA
O JARDIM SECRETO
O LIVRO DOS CINCO ANÉIS
O MORRO DOS VENTOS UIVANTES
O PEQUENO PRÍNCIPE
O PEREGRINO
O PRÍNCIPE
O PROCESSO
ORGULHO E PRECONCEITO
OS IRMÃOS KARAMÁZOV
PERSUASÃO
RAZÃO E SENSIBILIDADE
SOBRE A BREVIDADE DA VIDA
SOBRE A VIDA FELIZ & TRANQUILIDADE DA ALMA
VIDAS SECAS

Conheça os títulos da coleção SÉRIE LUXO:

JANE EYRE
O MORRO DOS VENTOS UIVANTES

365 REFLEXÕES ESTOICAS

MARCO AURÉLIO, SÊNECA, EPITETO
E OUTROS ILUSTRES PENSADORES

GARNIER
DESDE 1844

GARNIER
DESDE 1844

Fundador: **Baptiste-Louis Garnier**

1ª Impressão 2025

Presidente: Paulo Roberto Houch
MTB 0083982/SP

Coordenação Editorial: Priscilla Sipans
Coordenação de Arte: Rubens Martim (capa e diagramação)
Produção editorial: Eliana S. Nogueira
Tradução e adaptação: Lilian Rozati
Imagens: Shutterstock

Vendas: Tel.: (11) 3393-7727 (comercial2@editoraonline.com.br)

Foi feito o depósito legal.
Impresso na China.

Dados Internacionais de Catalogação na Publicação (CIP)
de acordo com ISBD

G236t Garnier Editora

365 Reflexões Estoicas - Série Ouro / Garnier Editora. –
Barueri : Garnier Editora, 2024.
144 p. ; 15,1cm x 23cm.

ISBN: 978-65-84956-94-0

1. Filosofia. 2. Estoicos. I. Título.

2024-4318 CDD 100
CDU 1

Elaborado por Vagner Rodolfo da Silva - CRB-8/9410

IBC — Instituto Brasileiro de Cultura LTDA
CNPJ 04.207.648/0001-94
Avenida Juruá, 762 — Alphaville Industrial
CEP. 06455-010 — Barueri/SP
www.editoraonline.com.br

MARCO AURÉLIO

DIÓGENES LAÉRCIO

SÊNECA

ZENÃO

EPITETO

MARCO AURÉLIO

SÊNECA

DIÓGENES LAÉRCIO

EPITETO

ZENÃO

DIÓGENES LAÉRCIO

ZENÃO

EPITETO

SÊNECA

MARCO AURÉLIO

MARCO AURÉLIO

DIÓGENES LAÉRCIO SÊNECA

ZENÃO

EPITETO

MARCO AURÉLIO

SÊNECA DIÓGENES LAÉRCIO

EPITETO

ZENÃO DIÓGENES LAÉRCIO

ZENÃO EPITETO

SÊNECA MARCO AURÉLIO

SUMÁRIO

PREFÁCIO

O estoicismo, filosofia de dois mil anos, vem sendo cada vez mais procurado como resposta para lidar com um mundo tomado pelo caos. Angústia, insegurança, medo, ansiedade e depressão estão entre os males que regem a vida moderna, povoando as mentes com emoções negativas que acabam por desorganizar a vida e causar incontáveis transtornos, os quais, uma vez fora de controle, resultam em intenso sofrimento.

Os estragos na saúde mental se devem, em boa parte, a um mundo de incertezas, pautado pela superficialidade, onde tudo muda com uma rapidez assustadora e os valores são dissolvidos facilmente, cenário que se agravou de maneira alarmante com a pandemia de Covid-19, que aumentou consideravelmente o número de casos de depressão e ansiedade da população em todo o mundo, resultado do isolamento, da solidão, das preocupações financeiras e da intensificação do luto.

Frente a tantos obstáculos internos e externos, o estoicismo atua como uma terapia antiga eficaz contra os problemas modernos. Isso porque esses ensinamentos de ordem ética são direcionados à prática do cotidiano, fornecendo preciosos conhecimentos para lidar com as adversidades e formular reflexões acerca da felicidade e do bem viver. Portanto, sejam quais forem os motivos que causam desânimo, angústia e tornam a nossa vida infeliz, essa escola de pensamento nos ajuda a vencê-los.

Desde tempos remotos, grandes pensadores se questionam sobre o que significa ter uma boa vida e como alcançá-la. Felizmente, como afirmou Sêneca em *Sobre a Brevidade da Vida,* "As obras que a Filosofia consagrou não podem ser arruinadas pelo tempo". Parte desse saber atemporal está reunida nesta obra, que contém 365 das mais importantes reflexões para viver de maneira tranquila, plena e feliz. São verdadeiras pérolas de sabedoria milenar que podem ser consultadas todos os dias do ano e que vão estimular um novo olhar sobre a vida – e até mesmo sobre a morte.

Diante de tempos tão difíceis, que a luz da sabedoria estoica traga a chave para a transformação interior, e que, a partir dessa reforma íntima, passemos a questionar mais a nossa consciência sobre os nossos atos, descortinando o véu que cobre a razão e trabalhando, cada qual, para a construção de um mundo melhor.

Boas reflexões,

Priscilla Sipans

UMA BREVE INTRODUÇÃO AO ESTOICISMO

O chamado período helenístico foi caracterizado pelo domínio do Império Macedônico sobre os gregos, primeiro, com Felipe II e, após sua morte, com seu filho, Alexandre, O Grande. O império alexandrino levou a cultura grega para todas as regiões que conquistou, influenciando não só a política, mas a forma de pensar nas nações conquistadas, dando início a uma cultura híbrida. Esse período deu origem a várias escolas de pensamento, entre elas, o estoicismo, cuja ideia de felicidade (eudaimonia) está diretamente ligada à tranquilidade e imperturbabilidade (ataraxia), assim como ao domínio sobre si mesmo e à aceitação do curso natural dos acontecimentos.

A filosofia helenística é caracterizada pela busca e alcance da sabedoria. Os filósofos helenistas eram tidos como verdadeiros sábios.

A escola estoica foi fundada em 300 a.C. por Zenão de Cítio, um pensador que se estabeleceu em Atenas. Estima-se que tenha chegado a Atenas por volta de 311 a.C. Discípulo de Crates de Tebas, o Cínico, integrou muitos conhecimentos à sua linha de pensamento, entre eles a ideia de que o sábio deve viver de acordo com a natureza e em comunhão consigo mesmo.

Representação de Zenão de Cítio, fundador do estoicismo.

Zenão teria assimilado, ainda, lições dos platônicos Polemão de Atenas e Xenócrates, bem como de Estilpo e Diodoro Cronos, começando a ensinar publicamente junto ao Pórtico da Pintura, local situado em Atenas onde os membros da escola se concentravam para filosofar. No livro *Iniciação à História da Filosofia – dos Pré-Socráticos a Wittgenstein*, Danilo Marcondes explica que o termo "estoicismo" deriva do grego *stoa poikilé*, que significa "pórtico pintado".

Após a morte de Zenão de Cítio, sua doutrina estoica foi elaborada e disseminada por seus discípulos, Cleantes de Assos e Crisipo de Solos, além de líderes da escola estoica como Diógenes da Babilônia (ou da Selêucia), que fez importantes declarações sobre o objetivo da vida, os princípios da ética e a razão colocada em prática, conceitos determinantes para essa corrente filosófica. Entre os alunos mais famosos de Diógenes está Antípatro de Tarso, cuja visão filosófica não chegou a conquistar grande reputação, a não ser pelo testemunho de outros filósofos que elogiaram a sua obra, entre eles, Plutarco, que o considera entre os principais filósofos estoicos ao lado de Zenão e Cleantes. Antípatro é o último filósofo do período que ficou conhecido como Estoicismo Antigo.

Princípios Estoicos

O estoicismo concebe a filosofia em três partes principais: a física (o estudo da realidade), a lógica (o estudo do pensamento e do modo como apreendemos a realidade) e a ética (a reflexão sobre o comportamento humano), cuja relação se aplica por meio da metáfora da árvore, na qual a física é a raiz; a lógica, o tronco e a ética os frutos. A parte mais importante seria a ética, já que se refere aos frutos que podemos colher da árvore da sabedoria. No entanto, esses frutos não existiriam sem a raiz e o tronco dessa árvore.

Essa ideia está ligada à relação que o estoicismo estabelece entre

EPITETO

Nascido no século I d.C, o ex-escravo liberto Epiteto foi um filósofo grego que viveu boa parte de sua vida em Roma. Uma de suas principais contribuições para a filosofia estoica está no fato de diferenciar e separar o que está e o que não está sob o nosso encargo. Segundo ele, estão em nosso poder o que é interior, como o pensar e o querer, isto é, o nosso juízo, bem como os nossos impulsos e tudo aquilo cujo resultado reflita em nossas próprias ações. O que não está sob o nosso controle é todo o resto, tudo o que é externo, como a riqueza, a saúde e as honrarias. Podemos, por exemplo, controlar nossos impulsos e desejos, que estão totalmente sob o nosso encargo. Mas nosso corpo segue as leis que lhe são próprias; os objetos seguem as leis da física e os animais, seus instintos, enquanto as demais pessoas abraçam suas próprias escolhas. Logo, para ele, o homem sábio que almeja a felicidade deve renunciar aos bens externos e focar naquilo que lhe cabe. No mais, nada lhe resta.

Os ensinamentos de Epiteto foram compilados por seu discípulo, Arriano, resultando na obra que chamou de *Encheiridion* (manual, arma portátil ou livro portátil), título que eternizou o nome do filósofo e influenciou grandes pensadores como Marco Aurélio.

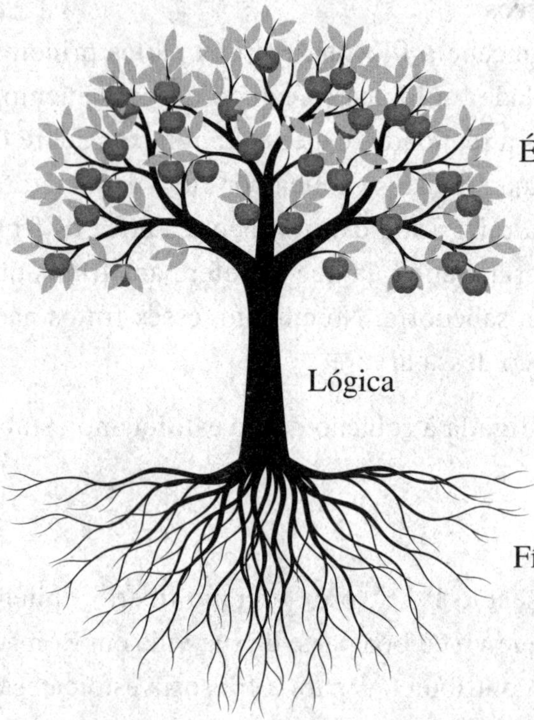

a física e a ética, bem como à convicção de que o homem é um microcosmo, ou seja, um pequeno universo dentro do todo, o macrocosmo. Logo, para os estoicos, somos todos parte do Cosmo, e cabe a nós entender qual papel nos é devido, ou seja, precisamos encontrar o nosso modo adequado de agir. E quanto mais ciente o homem estiver a respeito do que deve fazer de acordo com essa estrutura cósmica, melhores serão suas ações.

O principal conceito para a ética estoica está focado na virtude. É por meio dela que o estoico sai em busca da sabedoria que vai guiá-lo em suas condutas morais e éticas. E a conduta ideal está vinculada à Natureza, cujos princípios regem a harmonia do Cosmo. Acredita-se que a natureza dá ao homem as condições necessárias para que ele a siga. Dessa maneira, o homem consegue agir naturalmente quando seus valores estão em consonância com seu próprio ser. É assim que ele pode se tornar virtuoso e alcançar a felicidade. Tal perfeição é difícil de ser atingida, mas, mesmo assim, sua busca deve ser incessante.

Busto de Sêneca

Mas não raramente, o homem não segue sua própria natureza porque se deixa levar pelas paixões (ou emoções). Segundo os estoicos, as paixões são perturbações da alma que levam o homem a agir de modo incorreto. São divididas em três categorias: boas, más e indiferentes. As boas e más são, respectivamente, as virtudes e os vícios. Todas as demais são indiferentes.

SÊNECA

Uma das figuras mais expressivas no Novo Estoicismo, Lúcio Aneu Sêneca nasceu em Córdoba (Espanha). Assumiu um importante papel na época tirânica de Domiciano e Nero, quando a filosofia passou a ter a função de terapia para as mentes perturbadas do povo romano pelo receio da própria sobrevivência. Nesse cenário, Sêneca defende a necessidade de haver uma harmonia entre a ação do ser racional e a natureza. Desse modo, as paixões devem estar submissas à razão. Acrescenta, ainda, que qualquer excesso é contrário à natureza e que a moderação caracteriza o equilíbrio que classifica o homem como verdadeiro sábio.

No livro *Sêneca – Filósofo Estoico e Tutor de Nero*, Luiz Feracine explica que, segundo o filósofo, a moral "resulta da natureza racional do ser humano cujo objetivo existencial converge para a conquista da felicidade enquanto desfrute do bem máximo cujo valor supremo manifesta-se no agir do sábio".

Entre suas principais obras, ganham destaque *Sobre a Brevidade da Vida*, *Cartas a Lucílio*, *Sobre a Constância do Sábio* e *Sobre a Ira.*

Entre as virtudes estão a sabedoria, a justiça, a coragem e a autodisciplina. Quanto aos vícios, ganham relevância a ignorância, a injustiça, a covardia e a indulgência. As indiferentes podem resultar tanto no bem como no mal, dependendo de como forem empregadas. Exemplos disso são a riqueza, a saúde e o prazer. Isso porque a riqueza na mão de quem não sabe empregá-la, por exemplo, pode se tornar inútil e destrutiva; a saúde nem sempre pode ser considerada um bem, uma vez que a doença, seu contrário, é capaz de levar o homem a valorizar muito mais a sua vida; já o prazer tem o poder de escravizar e, até mesmo, destruir os homens. O alcance da felicidade, portanto, consiste em lapidar o comportamento de maneira racional, a fim de dominar as paixões.

O Estoicismo Romano

O chamado Médio Estoicismo tem, em grande parte, seu cenário em Roma. Panécio de Rodes, discípulo de Antípatro, não somente conquistou grande influência na alta sociedade romana, como também tornou o estoicismo mais eclético. Assim como Posidônio, seu sucessor na Escola de Rodes, Panécio partiu dos ensinamentos de Platão e Aristóteles, desenvolvendo novas ideias que insistiam que a liberdade do homem estaria relacionada à moral voltada à prática. Sua obra mais famosa, *Dos Deveres*, inspirou Cícero, décadas depois, em seu livro de mesmo nome, o qual aborda novas ideias sobre a virtude. Cícero levantou a questão: “Para que devemos buscar a formação na virtude, senão na Filosofia?”

Dessa maneira, o estoicismo se misturou à divulgação de muitas outras doutrinas, inaugurando sua terceira fase, na qual perde parte de sua unidade, uma vez que deixou de lado conhecimentos como física e lógica para se concentrar, sobretudo, na ética. Esse enfoque representa, principalmente, conselhos direcionados a quem busca a sabedoria, determinando comportamentos apropriados e valorizando o autocontrole. Essa fase, chamada de Novo Estoicismo ou Estoicismo Imperial, deu origem a pensadores como Caio Musônio Rufo, exilado por Nero, e o grande expoente do estoicismo romano,

Busto de Marco Aurélio.

Lúcio Aneu Sêneca, preceptor do imperador. Depois, conquistam um importante espaço Epiteto, o escravo, e Marco Aurélio, também conhecido como "o imperador filósofo". A sabedoria desses filósofos acerca da arte de viver adquiriu tamanha importância que seus conselhos continuam a ser estudados e aplicados até os dias de hoje.

MARCO AURÉLIO

Imortalizado pela imagem de "imperador filósofo", Marco Aurélio é o último dos estoicos romanos. Viveu um século depois de Epiteto, sendo seu profundo admirador. Filho adotivo de Antonino, assumiu o trono em 161, após a morte do imperador, tornando-se reconhecido não só por ser um grande guerreiro e administrador em um período perturbado por guerras sangrentas e prolongadas, como também por seu caráter e sua honestidade excepcionais.

Durante as pausas tranquilas de seu governo, Marco Aurélio se dedicava a reflexões filosóficas pela perspectiva do estoicismo, as quais foram anotadas em uma espécie de diário que, posteriormente, veio a ser publicado com o título *Meditações*. Dividida em doze livros, a obra constitui uma espécie de manual de comportamento que reforça atitudes de coragem, responsabilidade e comprometimento em prol do bem viver, resultado dos pensamentos de um grande líder.

LINHA DO TEMPO

A ORIGEM DO ESTOICISMO

Zenão de Cítio
Zenão fundou o estoicismo na Grécia Antiga. O filósofo ensinava publicamente nos pórticos cobertos da ágora de Atenas, conhecidos como *stoa poikilé* (pórtico pintado), dando origem ao nome dessa escola de pensamento.

Sócrates
Inaugura a filosofia clássica, sendo forte influência para todas as escolas que surgiram depois. Um de seus principais discípulos foi Platão.

c. 470 – 399 a.C

c. 365 – c. 265 a.C.

c. 344 – 262 a.C.

Crates de Tebas
Filósofo helenístico que pertenceu à escola cínica de filosofia. Ficou conhecido por ser professor de Zenão de Cítio, o fundador do estoicismo.

Cleantes de Assos

Cleantes foi o segundo líder pórtico após a morte de seu fundador, Zenão de Cítio, moldando as teorias do que agora é chamado de estoicismo. Tornou-se uma das suas três figuras principais da escola, ao lado de Diógenes da Babilônia e seu sucessor, Antípatro de Tarso.

c. 330 – 232 a.C.

c. 240 – 150 a.C.

Diógenes da Babilônia

Outro dos líderes da escola estoica também foi um dos três filósofos enviados a Roma em 155 a.C., cuja visita estimulou o interesse dos romanos no estoicismo. Nada restou de seu trabalho, exceto citações de outros autores.

Antípatro de Tarso

Discípulo e sucessor de Diógenes da Babilônia na escola estoica, foi professor de Panécio de Rodes. Fecha o período conhecido como Estoicismo Antigo.

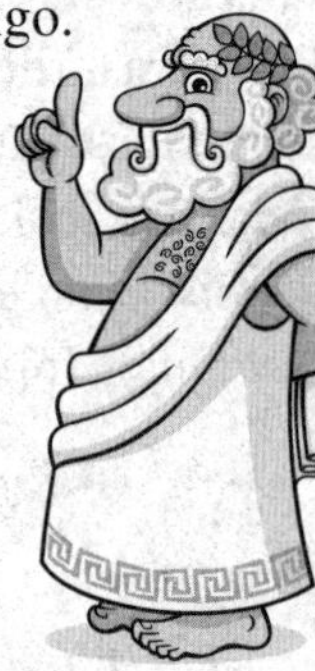

c. ? – 130/129 a.C.

c. 180 – 110 a.C.

Panécio de Rodes

O período que marcou a fase de transição da Grécia para Roma teve como principais filósofos Panécio de Rodes, Posidônio e Cícero. Panécio foi discípulo de Antípatro de Tarso. A partir desse filósofo, o estoicismo ganha um rumo mais eclético e se aproxima de algumas doutrinas do platonismo e do aristotelismo.

c. 135 – 51 a.C.

Posidônio
Estudou com Panécio de Rodes, em Atenas, e chegou a fundar sua própria escola. Teve grande influência política e na vida pública, tornando-se embaixador de Roma em 87-86 a.C. Também seguiu a linha eclética do estoicismo, misturando diversas correntes filosóficas em suas teorias.

c. 106 – 43 a.C.

Marco Túlio Cícero
Mestre de oratória e discípulo da Academia, também figurou entre os filósofos ecléticos. Foi um importante tradutor de textos gregos para o latim, elaborando grande parte do vocabulário filosófico latino ao qual temos acesso hoje.

c. 25 a.C. – 95 d.C.

Caio Musônio Rufo
Professor de Epiteto e Sêneca, foi outro grande defensor da filosofia estoica.

c. 55 – 135 d.C.

Epiteto
Reforça a ideia da filosofia como um modo de vida. Seus principais ensinamentos foram gravados por um de seus discípulos, Flávio Arriano, resultando em uma série de oito livros intitulada *Discursos* (dos quais sobraram apenas quatro), além da obra que chamou de *Encheiridion*.

"É impossível a um homem aprender o que ele acha que já sabe."

Sêneca

Um dos principais expoentes do Novo Estoicismo, Sêneca fez importantes reflexões sobre a maneira correta de viver, procurando aplicar sua filosofia à prática. Seu suicídio forçado se tornou um verdadeiro modelo do estoicismo.

c. 4 a.C. – 65 d.C.

“Se algo não é justo, não faça; se não for verdade, não diga.”

c. 161 – 180 d.C.

“Não conduza sua vida como se ainda fosse viver dez mil anos.”

Marco Aurélio

Grande admirador dos princípios de Epiteto, Marco Aurélio levou uma vida baseada nos fundamentos da reta razão. Suas reflexões foram registradas em escritos pessoais que, mais tarde, originaram o trabalho intitulado *Meditações*, considerada uma das publicações mais importantes do estoicismo.

365 REFLEXÕES ESTOICAS

1 de janeiro

"Se você voltar sua atenção para as coisas exteriores, para o prazer de qualquer pessoa, esteja certo de que terá arruinado seu propósito de vida. Contente-se, então, em ser sábio; e se você deseja parecer assim para alguém, pareça assim a você mesmo, e isso lhe bastará."

Epiteto, Encheiridion, 33.

2 de janeiro

"Quando você hesita em lutar para se levantar, lembre-se de que a socialização está de acordo com a sua constituição e com a natureza humana. O sono também é comum para os seres irracionais. Agora, tudo o que está de acordo com a natureza de cada um lhe parece mais apropriado, mais adequado e mais agradável."

Marco Aurélio, Meditações, Livro 8, 12.

3 de janeiro

"Cumpro meu dever e, de resto, não me distraio com nada que careça de vida ou de razão, ou com quem tenha perdido ou ignorado o caminho correto."

Marco Aurélio, Meditações, Livro 6, 22.

4 de janeiro

"Busque em sua memória e reflita sobre em qual momento você teve uma meta fixa, quantos dias se passaram da forma como você planejou, em que momento você esteve à disposição de si mesmo, quando que seu rosto exibiu uma expressão natural, quando sua mente esteve imperturbada, que trabalho realizou em uma vida tão longa, quantos roubaram sua vida enquanto você não estava ciente de que a estava perdendo, quanto desse tempo foi absorvido em tristeza inútil, em alegria tola, em desejo ganancioso, nas seduções da sociedade, quão pouco de si mesmo foi deixado para você. Perceberá, então, que está morrendo antes do tempo."

Sêneca, Sobre a Brevidade da Vida, 3.

5 de janeiro

"Em uma conversa, devemos dar atenção ao que é dito, assim como refletir sobre o efeito de cada ato. Neste último caso, olhe adiante para as consequências; com relação às palavras, fique atento aos seus significados."

Marco Aurélio, Meditações, Livro 7, 4.

6 de janeiro

"O sábio não ficará zangado com pecadores. Por que não? Porque ele sabe que ninguém nasce sábio, mas se torna: ele sabe que pouquíssimos sábios são produzidos em qualquer época, porque conhece perfeitamente as circunstâncias da vida humana."

Sêneca, Sobre a Ira, Livro 2, 10.

7 de janeiro

"Você terá mais sucesso em encontrar algo que pertence à terra isolado da terra, do que um homem isolado de todos os outros homens."

Marco Aurélio, Meditações, Livro 9, 9.

8 de janeiro

"A filosofia não é um truque para atrair o público; não foi concebida para exibição. É uma questão, não de palavras, mas de fatos. Não é exercida para que o dia possa ter alguma diversão antes de acabar, ou para que nosso ócio possa ser aliviado de um tédio que nos aborrece. A filosofia molda e constrói a alma; ordena a nossa vida, orienta a nossa conduta, mostra-nos o que devemos fazer e o que devemos deixar por fazer; ela se senta ao leme e dirige nosso curso enquanto vacilamos em meio às incertezas."

Sêneca, Epístolas sobre a Virtude, Epístola 16,
"Filosofia, o guia da vida."

9 de janeiro

"Todo grande poder é perigoso para iniciantes. Você deve suportar apenas aquilo que é capaz, mas de acordo com a sua natureza."

Epiteto, A Seleção dos Discursos de Epicteto,
"O que é a solidão, e que tipo de pessoa um homem solitário é".

10 de janeiro

"O quão melhor é curar uma lesão do que vingá-la? A vingança leva muito tempo e se joga no caminho de muitos ferimentos enquanto está doendo sob um deles. Todos nós retemos a nossa raiva por mais tempo do que sentimos nossa mágoa: quão melhor seria tomar o rumo oposto e não enfrentar uma maldade com outra? Alguém consideraria estar em plena razão se retribuísse chutes em uma mula ou mordesse um cachorro?"

Sêneca, Sobre a Ira, Livro 3, 27.

11 de janeiro

"Coisa alguma acontece a um homem que não seja, por natureza, capaz de suportar."

Marco Aurélio, Meditações, Livro 5, 18.

12 de janeiro

"É um sinal de falta de intelecto gastar muito tempo com coisas relacionadas ao corpo, como se exercitar em excesso, comer e beber em demasia, e no desempenho de outras funções animais. Essas coisas devem ser feitas casualmente e nossa principal força deve ser aplicada à nossa razão."

Epiteto, Encheiridion, 41.

13 de janeiro

"Da mesma forma que ao caminhar você toma cuidado para não pisar em um prego ou virar o pé, tome cuidado para não ferir as suas próprias faculdades mentais. Se tomássemos cuidado com isso em cada uma de nossas ações, agiríamos com mais segurança."

Epiteto, Encheiridion, 38.

14 de janeiro

"Apague as ideias imaginárias e diga muitas vezes a si mesmo: 'Agora está em meu poder preservar minha alma livre de toda maldade, de toda luxúria, de toda confusão ou perturbação. E então, quando eu realmente discernir a natureza das coisas, posso usar a todas na devida proporção.' Esteja sempre atento a este poder que a Natureza[1] lhe deu."

Marco Aurélio, Meditações, Livro 8, 29.

15 de janeiro

"Em primeiro lugar, nunca faça algo por acaso ou sem algum objetivo. E em segundo lugar, não deixe que seu objetivo seja qualquer coisa senão o bem comum."

Marco Aurélio, Meditações, Livro 12, 20.

1 A filosofia da natureza é a base para o estoicismo, que acredita que a humanidade não apenas faz parte da natureza como também compartilha dela. Em alguns ensinamentos, os filósofos estoicos se referem à natureza da forma acima, o que leva à interpretação de que esta seria uma entidade à parte. (N. do T.)

16 de janeiro

Fique em silêncio, ou fale apenas o que for necessário, e em poucas palavras.

Epiteto, Encheiridion, 23.

17 de janeiro

Nunca diga algo como 'eu o perdi', mas 'eu o restituí'. O seu filho morreu? Foi restituído. Sua mulher morreu? Foi restituída. Seu patrimônio lhe foi tirado? Ele também foi restituído. 'Mas foi um homem mau que o tomou de mim'. Mas o que importa a você que aquele cujas mãos o deu, o exigiu de volta? Enquanto a você foi dado, cuide como algo que não é seu, como fazem os viajantes em uma estalagem.

Epiteto, Encheiridion, 9.

18 de janeiro

Receba as dádivas da fortuna sem orgulho; e desprenda-se delas sem relutância.

Marco Aurélio, Meditações, Livro 8, 33.

19 de janeiro

"Não desperdice o restante da sua vida pensando na vida alheia, quando isso não for para o bem comum. Tenha certeza de que estará negligenciando outros assuntos se estiver ocupado com o que tal pessoa está fazendo e por que, o que ela está dizendo, pensando ou planejando. Todas essas coisas apenas desviam você da guarda firme de sua própria alma."

Marco Aurélio, Meditações, Livro 3, 4.

20 de janeiro

"Ninguém pode impedi-lo de viver de acordo com a sua natureza; e nada vai acontecer a você que seja contrário ao destino que a natureza do Universo lhe reservou."

Marco Aurélio, Meditações, Livro 6, 58.

21 de janeiro

"À mesa do jantar, algumas piadas e palavras destinadas a lhe causar dor foram dirigidas contra você: evite banquetes com pessoas inferiores. Aqueles que não são modestos, mesmo quando sóbrios, tornam-se muito mais imprudentes depois de beber."

Sêneca, Sobre a Ira, Livro 3, 37.

22 de janeiro

"São as circunstâncias (dificuldades) que mostram o que os homens realmente são."

Epiteto, A Seleção dos Discursos de Epicteto, "Como devemos lutar com as circunstâncias".

23 de janeiro

"Se você mesmo não consegue, com o seu esforço, realizar algo, não pense que isso é impossível ao ser humano; se, entretanto, algo é possível ao ser humano e lhe é próprio, pense que isso também lhe é acessível."

Marco Aurélio, Meditações, Livro 6, 19.

24 de janeiro

"Nenhum homem está satisfeito com sua própria sorte se fixa sua atenção na de outro: e isso nos leva a ficar zangados até mesmo com os deuses, porque alguém nos precede, embora nos esqueçamos de quantos temos precedência, e que quando um homem tem inveja de poucos, ele deve ser seguido por uma legião de pessoas que o invejam."

Sêneca, Sobre a Ira, Livro 3, 31.

25 de janeiro

"Possuo conhecimento suficiente para esta tarefa? Se for suficiente, uso-o para o trabalho em mãos como um instrumento que me foi dado pela natureza. Se meu conhecimento não for suficiente, ou darei lugar a alguém mais adequado para executá-la, ou, se por algum motivo esta não for uma alternativa, eu a farei da melhor maneira possível, contando com a ajuda daqueles que, creio eu, possam realizar algo adequado e útil para o bem comum."

Marco Aurélio, Meditações, Livro 7, 5.

26 de janeiro

"Reflita com frequência com que rapidez as coisas que existem ou estão vindo a existir são varridas e levadas embora. Sua substância é como um rio fluindo incessantemente; suas ações estão em contínua mudança e suas causas estão sujeitas a infinitas transformações. Quase nada permanece muito tempo de pé [...] Dessa maneira, não é um tolo quem muito se orgulha, sofre ou se lamenta em meio a este fluir, como se ele próprio perdurasse por muitas gerações?"

Marco Aurélio, Meditações, Livro 5, 23.

27 de janeiro

"Não perca seu tempo considerando as coisas tal como são julgadas pelo insolente ou como você as julga: mas veja-as como realmente são."

Marco Aurélio, Meditações, Livro 4, 11.

28 de janeiro

O quão mais filantrópico é lidar com os que erram com um espírito gentil e paternal e colocá-los no caminho certo em vez de persegui-los? Quando um homem está vagando por nossos campos porque se perdeu, é melhor guiá-lo no caminho certo do que expulsá-lo.

Sêneca, Sobre a Ira, Livro 1, 14.

29 de janeiro

Você não deve acreditar nas palavras de homens irados, os quais falam em tom alto e ameaçador, enquanto a mente dentro deles é a mais tímida possível.

Sêneca, Sobre a Ira, Livro 1, 20.

30 de janeiro

Tome cuidado para não cair no cesarismo[2]: evite essa mancha, porque ela pode vir até você. Seja simples, bondoso, sincero, digno, reticente, justo, piedoso, afetuoso com seus parentes e constante em seus deveres. Esforce-se seriamente para continuar, assim como a filosofia faria para você. Reverencie os deuses e ajude a humanidade. A vida é curta e o único fruto dela neste mundo é uma mente pura e uma conduta altruísta.

Marco Aurélio, Meditações, Livro 6, 30.

---

2 Termo inspirado em Júlio César, utilizado para definir um governo centrado em uma autoridade suprema militar com traços heroicos.

31 de janeiro

"Diga a si mesmo pela manhã: 'Hoje terei que lidar com os intrometidos, os ingratos, os insolentes, os astutos, os invejosos e os egoístas'."

Marco Aurélio, Meditações, Livro 2, 1.

1 de fevereiro

"Esta é a virtude do homem feliz e a perfeita felicidade da vida: quando tudo é feito em harmonia com a genialidade de cada indivíduo em relação à vontade daquele que governa o Universo e todas as coisas."

Críspo, citado por Diógenes Laércio, "As vidas e opiniões de filósofos eminentes", Livro 7, 1, 53.

2 de fevereiro

"Não deixe que nenhuma ação seja tomada ao acaso, nem de outra forma que não seja de acordo com os princípios envolvidos."

Marco Aurélio, Meditações, Livro 4, 2.

3 de fevereiro

"A raiva muitas vezes vem até nós, mas muitas vezes vamos até ela. Nunca devemos chamá-la: mesmo quando cai em nosso caminho, devemos jogá-la de lado."

Sêneca, Sobre a Ira, Livro 3, 12.

4 de fevereiro

"Lembre-se de que você é um ator em uma peça de teatro em que o Diretor faz as escolhas – se for uma peça curta, então será curta; se for longa, então será longa. Se for do agrado do Diretor que você represente o papel de um homem pobre, ou um deficiente, ou um governante, ou um cidadão comum, certifique-se de atuar bem. Pois este é o seu trabalho: atuar bem no papel que lhe foi dado, mas escolhê-lo pertence a outra pessoa."

Epiteto, Encheiridion, 17.

5 de fevereiro

"Ao agir, não esteja abatido, não seja confuso durante uma conversa, nem vago em suas opiniões. Não deixe que haja perturbações em sua alma. E que não se apresse tanto em sua vida."

Marco Aurélio, Meditações, Livro 8, 51.

6 de fevereiro

"A arte da vida é mais semelhante com a do lutador do que com a do dançarino; pois o lutador deve estar sempre em guarda e permanecer firme contra os esforços repentinos e os imprevistos de seu adversário."

Marco Aurélio, Meditações, Livro 7, 61.

7 de fevereiro

"A melhor vingança é não seguir o mesmo caminho daquele que o injustiçou."

Marco Aurélio, Meditações, Livro 6, 6.

8 de fevereiro

"A vida que recebemos não é curta, nós que a desperdiçamos. Como uma grande riqueza que é gasta de forma negligente no momento em que chega às mãos de um mau proprietário, e esta mesma riqueza, embora limitada, se for confiada a um bom guardião, aumenta com o tempo. Da mesma forma é a vida: disposta de tempo o suficiente para aquele que a coordena corretamente."

Sêneca, Sobre a Brevidade da Vida, 1.

9 de fevereiro

"Se você foi derrotado uma vez e diz que vencerá no futuro, e então diz o mesmo novamente, tenha certeza de que você estará em uma condição tão miserável e tão fraca que depois nem mesmo saberá o que está fazendo de errado, então vai começar a dar desculpas por seus atos errôneos."

Epiteto, A Seleção dos Discursos de Epicteto, "Como devemos lutar contra as aparências".

10 de fevereiro

É melhor tropeçar nos próprios pés do que na própria língua.

Zenão, citado por Diógenes Laércio,
"As vidas e opiniões de filósofos eminentes", Livro 7, 1, 22.

11 de fevereiro

Um jovem estava falando um monte de coisas sem sentido, então Zenão disse a ele: 'É por esse motivo que nós temos duas orelhas e apenas uma boca, para que possamos ouvir mais e falar menos.'

Zenão, citado por Diógenes Laércio, "As vidas e opiniões de filósofos eminentes, Livro 7, 1, 19.

12 de fevereiro

Regozije-se com simplicidade, modéstia e indiferença a todas as coisas que estão entre o bem e o mal. Ame a humanidade e obedeça a Deus. 'Todas as coisas', diz alguém, 'seguem por lei e ordem'. Mas e se não houver nada além dos átomos? Mesmo que seja assim, basta lembrar que todas as coisas, exceto algumas poucas, são influenciadas pela lei.

Marco Aurélio, Meditações, Livro 7, 31

13 de fevereiro

"Fale, seja no Senado ou em qualquer outro lugar, com dignidade e não com elegância; e que suas palavras sejam sempre sãs e virtuosas."

Marco Aurélio, Meditações, Livro 8, 30.

14 de fevereiro

"A vida é longa o bastante e nos foi dada de forma suficientemente generosa para permitir a realização de coisas grandiosas, se todo esse tempo for investido adequadamente. Mas quando é desperdiçado no luxo e no descuido, quando não é dedicado a boas intenções, forçado por fim pela necessidade última, percebemos que ele passou antes de sabermos que estava passando."

Sêneca, Sobre a Brevidade da Vida, 1.

15 de fevereiro

"Se você deseja melhorar, deixe de lado raciocínios como estes: 'Se eu negligenciar meus negócios, não terei um sustento; se eu não punir meu empregado, ele não servirá para nada'. Pois é melhor morrer de fome, isento de tristeza e medo, do que viver na afluência com perturbação; e é melhor que seu servo seja uma pessoa má do que você uma pessoa infeliz. Portanto, comece com pequenas coisas. Um pouco de óleo foi derramado ou um pouco de vinho foi roubado? Diga a si mesmo: 'Este é o preço pago pela paz e tranquilidade; e nada é obtido sem um preço.'"

Epiteto, Encheiridion, 12.

16 de fevereiro

"Você tem os mesmos medos dos mortais e os mesmos desejos pertencentes aos imortais."

Sêneca, Sobre a Brevidade da Vida, 3.

17 de fevereiro

"Você ouvirá muitas pessoas dizendo: 'A partir dos meus cinquenta anos eu vou me retirar ao lazer, aos sessenta irei me liberar dos deveres públicos'. E que garantia você tem que sua vida irá durar por tanto tempo? Quem fará com que tudo tome o rumo exatamente como planejou? [...] Como é tarde para começar a viver, justamente quando devemos deixar de viver!"

Sêneca, Sobre a Brevidade da Vida, 3.

18 de fevereiro

"Traga à lembrança frequente aqueles que sofreram demais por causa de qualquer coisa, aqueles que foram preeminentes no extremo da glória ou infortúnio, em rixas ou outras circunstâncias do destino. Em seguida, pare e pergunte: 'Onde estão todos eles agora?' Fumaça e cinzas, e uma velha história; ou talvez nem mesmo um conto."

Marco Aurélio, Meditações, Livro 12, 27.

19 de fevereiro

"Heráclito costumava chamar a opinião de 'a doença sagrada'[3]; e dizer que os olhos são frequentemente enganados."

Heráclito, citado por Diógenes Laércio, "As vidas e opiniões de filósofos eminentes", Livro 9, 1, 6.

20 de fevereiro

"Não precisamos erguer as mãos ao céu, ou implorar ao guardião de um templo para que possamos nos aproximar dos ouvidos do seu Deus, como se assim nossas orações fossem mais propensas a serem ouvidas. Deus está perto de você, ele está com você, ele está dentro de você."

Sêneca, Epístolas sobre a Virtude, Epístola 16, "Filosofia, o guia da vida".

21 de fevereiro

"Todos os nossos sentidos devem ser treinados em força: eles são naturalmente capazes de suportar muito, desde que o espírito não os estrague. O espírito deve ser avaliado diariamente."

Sêneca, Sobre a Ira, Livro 3, 36.

---

3 Há versões em que o termo "doença sagrada" consta como "a falling sickness", cuja tradução pode ser "uma terrível doença".

22 de fevereiro

"Quaisquer que sejam as regras que você adotou, cumpra-as como leis e como se fosse condenável transgredi-las; e não leve em consideração o que alguém diz sobre você, pois, afinal, isso não é da sua conta. Por quanto tempo, então, você adiará exigir de si mesmo as melhorias mais nobres, e em nada violar os julgamentos da razão?"

Epiteto, Encheiridion, 50.

23 de fevereiro

"Sócrates se tornou perfeito, aperfeiçoando-se em tudo, seguindo apenas a razão. E embora você ainda não seja um Sócrates, você deve, entretanto, viver como alguém que busca ser como ele."

Epiteto, Encheiridion, 50.

24 de fevereiro

"Esta é a perfeição moral: viver cada dia como se fosse o último, sem agitação, sem preguiça e sem hipocrisia."

Marco Aurélio, Meditações, Livro 7, 69.

25 de fevereiro

"Os homens te matam, te cortam em pedaços, te perseguem com maldições. O que isso tem a ver com sua alma permanecer pura, prudente, moderada e justa? E se alguém, em pé junto a uma fonte de água clara e doce, não a aprovasse? Esta não cessaria de jorrar suas águas refrescantes. [...] Como então você obterá esta fonte viva perpétua dentro de si? Se você reservar-se à liberdade a cada hora que vive, em espírito de calma, simplicidade e modéstia."

Marco Aurélio, Meditações, Livro 8, 51.

26 de fevereiro

"Vidas como a sua, embora mesmo que passem do limite de mil anos, vão encolher a um mero período: seus vícios vão consumir qualquer tempo que tenha."

Sêneca, Sobre a Brevidade da Vida, 6.

27 de fevereiro

"Você deseja ser elogiado por um homem que se amaldiçoa três vezes por hora? Como pode você desejar agradar alguém que não está satisfeito consigo mesmo? Pode contentar-se consigo mesmo aquele que se arrepende de quase tudo o que faz?"

Marco Aurélio, Meditações, Livro 8, 53.

28 de fevereiro

Os desejos naturais são limitados; mas aqueles que surgem de opiniões falsas não podem ter ponto de parada. O falso não tem limites; quando você está viajando em uma estrada, deve haver um ponto de chegada; mas quando desviadas, suas peregrinações são ilimitadas. Lembre-se de seus passos, de coisas ociosas, e quando você quiser saber se o que procura é baseado em um desejo natural ou enganoso, considere se ele pode parar em algum ponto definido. Se você descobrir, depois de ter viajado muito, que há um objetivo mais distante sempre em vista, pode ter certeza de que essa condição é contrária à natureza.

Sêneca, Epístolas sobre a Virtude, Epístola 16, "Filosofia, o guia da vida."

1 de março

Aquele que viu o presente, viu tudo aquilo que já existiu desde a eternidade, ou existirá por toda a eternidade, pois todas as coisas são semelhantes em modos e formas.

Marco Aurélio, Meditações, Livro 6, 37.

2 de março

Se alguém lhe disser que uma certa pessoa falou mal de você, não tente se defender sobre o que foi dito, mas responda: 'Ele foi ignorante sobre os meus outros defeitos, do contrário não teria mencionado apenas estes.'

Epiteto, Encheiridion, 33.

3 de março

Você fez esforços e vagou muito, mas não encontrou a felicidade em lugar algum; nem em silogismos, nem em riquezas, nem na fama ou no prazer. Onde está ela, então? Em desempenhar aquela parte que a natureza humana requer. Como você pode representar essa parte? Mantendo os princípios como a fonte de seus desejos e ações. Quais princípios? Os princípios do bem e do mal: nada é bom para o homem se não o torna justo, moderado, corajoso e livre; e nada pode ser mau se não o torna o contrário de todas essas virtudes.

Marco Aurélio, Meditações, Livro 8, 1.

4 de março

Passe, então, o restante fugaz de seu tempo em um espírito que está de acordo com a Natureza, e parta desta vida contente, assim como a oliveira cai quando está madura, abençoando o solo de onde brotou e agradecendo à árvore que a gerou.

Marco Aurélio, Meditações, Livro 4, 48.

5 de março

Os oradores ficam ansiosos para falar de justiça, mas não para agir de acordo com ela.

Diógenes Laércio, "As vidas e opiniões de filósofos eminentes", Livro 6, 2, 4.

6 de março

Os homens procuram refúgio no campo, no litoral, nas montanhas; e você também tem anseios frequentes por tais distrações. No entanto, certamente isso é uma grande tolice, já que você pode se retirar para dentro de si mesmo a qualquer hora que quiser. Em nenhum lugar um homem pode encontrar um refúgio mais tranquilo e mais cheio de lazer do que em sua própria alma, especialmente quando há algo dentro dele sobre o qual, se ele apenas olhar, estará imediatamente em repouso. E o resto eu considero nada mais que perfeita ordem na alma. Portanto, permita-se este retiro constantemente, e, assim, renove-se.

Marco Aurélio, Meditações, Livro 4, 3.

7 de março

Como é que almas inábeis e ignorantes conseguem perturbar os hábeis e inteligentes? Eu me pergunto: o que é uma alma hábil e inteligente? É aquela que conhece o começo e o fim, e a razão que permeia todo o ser, e por ciclos determinados governa o Universo por todos os tempos.

Marco Aurélio, Meditações, Livro 5, 32.

8 de março

A vida, se souber como vivê-la, é longa.

Sêneca, Sobre a Brevidade da Vida, 2.

9 de março

"Hoje escapei de todos os problemas; ou melhor, expulsei de mim todos os problemas; pois não estavam do lado fora, mas de dentro, em minhas próprias opiniões."

Marco Aurélio, Meditações, Livro 9, 13.

10 de março

"Tenha o costume de prestar atenção ao que os outros dizem e, na medida do possível, adentrar na mente de quem está falando."

Marco Aurélio, Meditações, Livro 6, 53.

11 de março

"Os deveres são universalmente medidos por relações. Um certo homem é o seu pai? Nisto estão implícitos cuidar dele, submeter-se a ele em todas coisas, pacientemente receber suas repreensões, suas correções. 'Mas ele é um pai ruim'. Seria então o seu laço natural com um bom pai? Não, mas com um pai. Seu irmão é injusto? Bem, preserve sua própria relação justa para com ele. Não considere o que ele faz, mas o que você deve fazer para manter sua própria vontade em um estado conforme a natureza."

Epiteto, Encheiridion, 30.

12 de março

"Lembre-se de que se você atribuir liberdade às coisas dependentes por natureza e tomar para si as coisas que pertencem a outros, você será prejudicado, lamentará, ficará perturbado e culpará os deuses e os homens. Mas se tomar para si apenas aquilo que lhe pertence, e ver o que pertence ao outro apenas como aquilo que é, então nenhum homem irá obrigá-lo a nada, nenhum homem poderá restringi-lo."

Epiteto, Encheiridion, 1.

13 de março

"Quando a pessoa está ocupada e absorvida em seu trabalho, a própria absorção proporciona grande deleite; mas quando se retirou a mão da obra-prima concluída, o prazer não é tão intenso."

Sêneca, Epístolas sobre Amizade, Epístola 9, "Filosofia e amizade".

14 de março

"Encontre seu prazer e diversão unicamente em passar de um ato altruísta para outro, sempre com Deus em mente."

Marco Aurélio, Meditações, Livro 6, 7.

15 de março

Um de seus ditados era: 'De todas as coisas, a vaidade é a mais imprópria, especialmente nos jovens.'

Zenão, citado por Diógenes Laércio,
"As vidas e opiniões de filósofos eminentes", Livro 7, 1, 19.

16 de março

Ele (Epiteto) também nos diz que devemos descobrir a verdadeira arte de conciliar; e ao tratar de nossos impulsos ele diz que devemos estar vigilantes em contê-los, para que possam agir com a devida reserva, com espírito público, com o devido senso de proporção; também que devemos nos abster totalmente da paixão[4] sensual; e não ficarmos inquietos em questões sobre as quais não temos controle.

Marco Aurélio, Meditações, Livro 11, 37.

17 de março

Aprendizado em abundância não forma a mente; pois se o fizesse, teria instruído Hesíodo e Pitágoras, e provavelmente Xenófanes e Hecateu. Pois a única verdadeira peça de sabedoria é saber a ideia, que por si só governará tudo em todas as ocasiões.

Heráclito, citado por Diógenes Laércio,
"As vidas e opiniões de filósofos minentes", Livro 9, 1, 2.

4 Para os estoicos, as paixões são responsáveis por tudo aquilo que perturba a alma e a faz julgar incorretamente ao invés de usar a razão. No contexto desta edição, paixões podem ser interpretadas não somente como sentimentos românticos, mas como sentimentos intensos, geralmente fora de controle.

18 de março

"Adapte-se às coisas que o seu destino lhe deu: ame aqueles com quem tem sorte de viver, e ame-os com afeto sincero."

Marco Aurélio, Meditações, Livro 6, 39.

19 de março

"Você é o preferido entre todos? Então alegre-se por ocupar o primeiro lugar nos pensamentos de seus amigos. Ou muitos outros são preferidos antes de você? Então pense quantos mais estão abaixo de você do que acima. Você pergunta: qual é o seu maior defeito? É que você mantém suas contas incorretamente: você coloca um valor alto ao que dá e um valor baixo ao que recebe."

Sêneca, Sobre a Ira, Livro 3, 31.

20 de março

"O sol finge realizar o trabalho da chuva? Ou Esculápio[5] o trabalho de Ceres[6]? E as estrelas? Elas não são diferentes, mas não trabalham todas em conjunto para o mesmo fim?"

Marco Aurélio, Meditações, Livro 6, 43.

5 Na mitologia romana, Esculápio é conhecido como o deus da medicina e da cura. Filho de Febo, deus romano equivalente ao olimpiano Apolo, deus do sol e da cura.

6 Ceres é a deusa romana da agricultura e dos grãos. Sua equivalente grega é a deusa Deméter.

21 de março

"Onde quer que um homem possa viver, ele viverá bem. Um homem pode viver em um corte, portanto, ele pode viver bem lá."

Marco Aurélio, Meditações, Livro 5, 16.

22 de março

"Fique sóbrio, recupere seus sentidos. Sacuda o sono e saiba que foi um sonho que o perturbou; e agora que você está totalmente acordado, considere o mundo desperto como você considerou o sonho."

Marco Aurélio, Meditações, Livro 6, 31.

23 de março

"Ame a arte que aprendeu, por mais humilde que seja, e nela encontre sua distração. E passe o resto de sua vida como alguém que entrega suas preocupações aos deuses com todo o coração, e não age como tirano nem como escravo de ninguém."

Marco Aurélio, Meditações, Livro 4, 31.

24 de março

Se então você deseja coisas grandiosas, lembre-se de que não deve se permitir nenhuma tendência, por menor que seja, a realizações secundárias; em vez disso, você deve abandonar completamente algumas delas, e por enquanto adiar o resto.

Epiteto, Encheiridion, 1.

25 de março

Você não deve buscar a culpa em Deus ou no homem; você deve eliminar o desejo por completo, deve transferir a evasão apenas para as coisas que estão dentro do poder da vontade; você não deve sentir raiva, ressentimento, inveja ou pena.

Epiteto, A Seleção dos Discursos de Epicteto, "Sobre o cinismo".

26 de março

Como podem morrer os grandes princípios da vida se as impressões que correspondem a eles não se extinguem? Você ainda pode reacender essas impressões. Sempre posso formar a opinião adequada sobre isto ou aquilo; e, em caso afirmativo, por que estou perturbado? O que é externo à minha mente não tem importância para ela. Aprenda isso e você ficará em pé; você sempre pode renovar sua vida. Veja as coisas novamente como antes, e sua vida é renovada novamente.

Marco Aurélio, Meditações, Livro 7, 2.

27 de março

"Uma vida próspera pode ser sua se você puder seguir o caminho certo e mantê-lo em tudo o que pensa ou faz. Duas vantagens são comuns aos deuses, aos homens e a toda alma racional: em primeiro lugar, nada externo a si mesmo tem poder para impedi-los; em segundo lugar, sua felicidade está em ter sua mente e sua conduta dispostas à justiça, e no poder de fazer disso o fim de todo desejo."

Marco Aurélio, Meditações, Livro 5, 34.

28 de março

"Evite o pensamento 'estou ferido!', e então este lamento deixará de existir. Reprimindo-se de pensar 'estou ferido!', você também reprimirá o dano que pode causar."

Marco Aurélio, Meditações, Livro 4, 7.

29 de março

"Há apenas um caminho para a felicidade, e faça com que esta regra esteja pronta tanto de manhã quanto ao longo do dia e à noite: não olhar para as coisas que estão fora do poder, pensar que nada é propriamente nosso e entregar todas as coisas à Divindade, à Fortuna."

Epiteto, A Seleção dos Discursos de Epicteto,
"Aos que desejam passar a vida em tranquilidade", Livro 6, 13.

30 de março

"Não precisamos de um castigador irado para punir os errantes e ímpios: pois, uma vez que a raiva é um crime da mente, não é certo que os pecados sejam punidos com pecado."

Sêneca, Sobre a Ira, Livro 1, 16.

31 de março

"Organize a sua vida em seus atos individuais, de modo que, se cada um, até onde for possível, atinja o seu objetivo, isso seja o suficiente."

Marco Aurélio, Meditações, Livro 8, 32.

1 de abril

"Se você chama de amigo qualquer homem em quem não confia como a si mesmo, então você está muito equivocado e não entende plenamente o significado de uma amizade verdadeira."

Sêneca, Epístolas sobre Amizade, Epístola 3, "Sobre amizades falsas e verdadeiras".

2 de abril

"Geralmente, se você deseja tornar qualquer coisa um hábito, pratique-a; se você não quer fazer disso um hábito, não faça, mas acostume-se a fazer algo no lugar disso. O mesmo acontece com os afetos da alma: quando estiver com raiva, deve saber que não apenas esse mal se abateu sobre você, mas que também foi ampliado pelo hábito e, de certa forma, você jogou lenha na fogueira."

Epiteto, A Seleção dos Discursos de Epicteto, "Como devemos lutar contra as aparências".

3 de abril

"A raiva é vaidosa de todas as coisas externas, pois a ela nada importa."

Marco Aurélio, Meditações, Livro 7, 38.

4 de abril

"'Com frequência ficamos irados', dizem os nossos adversários, 'não com homens que nos feriram, mas com os que irão nos ferir'. Portanto, tenha a certeza de que a ira não nasce apenas de uma ofensa."

Sêneca, Sobre a Ira, Livro 1, 3.

5 de abril

"Se alguém lhe perguntasse como se escreve o nome Antonino, você não pronunciaria cada uma das letras cuidadosamente a ele? Então se ele começar uma discussão raivosa sobre isso, você também não ficaria zangado em vez de soletrar calmamente as várias letras para ele? Portanto, na vida, lembre-se de que cada dever é composto de vários elementos. Devemos observar tudo isso com calma; e, sem raiva daqueles que estão com raiva de nós, devemos começar a cumprir a tarefa que está diante de nós."

Marco Aurélio, Meditações, Livro 6, 26.

6 de abril

"Como está o seu guia-interior? Tudo depende disso. Todas as outras coisas, dentro ou fora do nosso controle, são apenas cadáveres, poeira e fumaça."

Marco Aurélio, Meditações, Livro 12, 33.

7 de abril

"Valorize a capacidade intelectual que forma opiniões. Depende somente dela que nenhuma opinião que sua alma nutra seja inconsistente com a natureza e a forma do ser racional. Isso garante que não formemos julgamentos precipitados, que sejamos bondosos para com os homens e obedientes aos deuses."

Marco Aurélio, Meditações, Livro 3, 9.

8 de abril

"O tempo é como um rio onde há uma torrente violenta de eventos surgindo; assim que surgem já são carregados pelas águas, e cada um deles é sucedido por outro evento que, por sua vez, é levado correnteza abaixo."

Marco Aurélio, Meditações, Livro 4, 43.

9 de abril

"Onde está a bondade? Na sua vontade de mostrá-la. Onde está o mal? Na sua vontade de fazê-lo. E onde nenhum deles está? Em todas as coisas que são independentes da sua vontade."

Epiteto, A Seleção dos Discursos de Epicteto,
"Que não nos esforçamos para usar nossas opiniões sobre o bem e o mal".

10 de abril

"Alegrar-se e ficar feliz é a função adequada e natural da virtude: está abaixo de sua dignidade ficar com raiva tanto quanto se lamentar: agora, a tristeza é a companheira da raiva, e toda raiva termina em tristeza, seja por remorso ou por fracasso."

Sêneca, Sobre a Ira, Livro 2, 6.

11 de abril

"Reflita por um longo tempo se você deve admitir uma determinada pessoa em seu círculo de amizade; mas quando decidir admiti-la, dê-lhe as boas-vindas com todo coração e alma."

Sêneca, Epístolas sobre Amizade, Epístola 3, "Sobre amizades falsas e verdadeiras".

12 de abril

"Mesmo que você viva três mil anos ou dez mil anos, lembre-se de que nenhum homem perde qualquer outra vida senão aquela que está vivendo, nem vive outra que não aquela que está perdendo agora."

Marco Aurélio, Meditações, Livro 2, 14.

13 de abril

"Não há nada mais vil do que a amizade de um lobo. Evite isso acima de todas as coisas. O homem bom, franco e gentil carrega todas essas qualidades em seus olhos, e não as esconde."

Marco Aurélio, Meditações, Livro 11, 15.

14 de abril

"Sempre tenha em mente qual é a Natureza universal, qual é a sua própria e como ambas estão relacionadas. [...] e de que nenhum homem pode impedi-lo de falar e agir sempre de acordo com a natureza da qual você faz parte."

Marco Aurélio, Meditações, Livro 2, 9.

15 de abril

"A vida de homem dura apenas um instante; sua substância é fugaz, seus sentidos entorpecidos; a estrutura de seu corpo corruptível; a alma, apenas um vórtice. Não podemos contar com a fortuna, ou prestar contas com a fama. Em suma, a vida do corpo é apenas um rio, e a vida da alma um sonho nebuloso. A existência é uma guerra e uma jornada em uma terra desconhecida; e a fama póstuma será esquecida. O que, então, serve para nos guiar? Uma coisa, apenas: a filosofia."

Marco Aurélio, Meditações, Livro 2, 17.

16 de abril

"O homem não deve apenas considerar que a cada dia é gasto uma parte de sua vida, e que cada vez menos lhe resta, mas também que, a menos que ele prolongue sua existência, não é certo que sua inteligência será suficiente para compreender as coisas e para apreender o conhecimento que visa o entendimento das coisas humanas e divinas."

Marco Aurélio, Meditações, Livro 3, 1.

17 de abril

"É mais fácil banir do que controlar impulsos passionais, é mais fácil não os admitir do que mantê-los em ordem quando acolhidos; pois quando estes se estabelecem em nossa mente, são mais poderosos que aquele que os controla, e de maneira alguma se deixarão enfraquecer ou restringir."

Sêneca, Sobre a Ira, Livro 1, 7.

18 de abril

"No ginásio[7], se alguém nos arranha com as unhas ou, de repente, machuca nossa cabeça, não expressamos ressentimento [...]. Estamos em guarda contra ele, é verdade, mas não como um inimigo ou suspeito. Com bom humor, simplesmente nos mantemos fora de seu caminho. Comportemo-nos assim em outras questões da vida, e deixemos de lado as muitas injúrias que são feitas a nós, por assim dizer, por nossos adversários no ginásio do mundo."

Marco Aurélio, Meditações, Livro 6, 20.

19 de abril

"Quando você decide agir a partir de um julgamento claro de que algo deve ser feito, não evite ser visto fazendo isso, mesmo que o mundo não entenda suas ações; se você não estiver agindo corretamente, evite a ação em si; e se estiver, por que temer aqueles que injustamente o censuram?"

Epiteto, Encheiridion, 35.

7 Na Grécia Antiga, ginásio era um local para o treinamento de atletas e também para atividades escolares e filosóficas.

20 de abril

"Perceba que existe dentro de você algo melhor e mais divino do que a causa imediata de suas sensações de prazer e dor; em suma, algo além dos fios que movem a marionete. Qual seria o meu pensamento agora? De medo? Suspeita? Luxúria? Ou alguma paixão semelhante?"

Marco Aurélio, Meditações, Livro 12, 19.

21 de abril

"Quando a amizade é estabelecida, deve haver confiança; antes que se forme a amizade, você deve fazer um julgamento. Algumas pessoas realmente colocam em último lugar o que deveria ser prioridade, e confundem seus deveres, que, violando as regras de Teofrasto, julgam um homem depois de tê-lo feito seu amigo, em vez de torná-lo seu amigo depois de tê-lo julgado."

Sêneca, Epístolas sobre Amizade, Epístola 3,
"Sobre amizades falsas e verdadeiras".

22 de abril

"Considere quem você é. Em primeiro lugar, você é um homem; aquele que não tem nada acima da capacidade da vontade, mas todas as outras coisas sujeitas a ela; e a própria capacidade que ele possui não escravizada e livre de sujeição."

Epiteto, A Seleção dos Discursos de Epicteto,
"Como podemos descobrir os deveres da vida".

23 de abril

"Se um homem roga: 'Que eu possua essa mulher!'. Você deve rogar: 'Que eu não deseje possuí-la!'; se outro ora: 'Que eu seja liberto daquela pessoa!', você deve orar: 'Que eu não precise ser libertado dele!'. Se um terceiro pede: 'Que eu não perca meu filho!'. Deixe que seu pedido seja: 'Que eu não tenha medo de perdê-lo!'. Em suma, conduza suas súplicas desse modo e observe os resultados."

Marco Aurélio, Meditações, Livro 9, 40.

24 de abril

"Os vícios não devem ser aceitos no dia a dia somente porque em algum momento tiveram efeito, pois da mesma forma as febres são boas para certos tipos de problemas de saúde, no entanto, é melhor estar totalmente livre delas. É um odioso modo de cura a saúde se dever à doença."

Sêneca, Sobre a Ira, Livro 1, 12.

25 de abril

"Diante de cada acontecimento, lembre-se de voltar a si mesmo e buscar aquilo que lhe dará o poder de tirar o proveito da situação. Se você encontrar uma pessoa bonita, você encontrará o poder no autocontrole; se encontrar a dor, seu poder estará na coragem; se encontrar a ofensa, seu poder estará na paciência. E quando assim estiver habituado, os fenômenos da existência não irão dominá-lo."

Epiteto, Encheiridion, 10.

26 de abril

"A satisfação em uma boa ação é grande e gloriosa, enquanto a raiva pelo pecado de outra pessoa é vil e condiz com uma mente fechada."

Sêneca, Sobre a Ira, Livro 2, 6.

27 de abril

"A vida de todo homem é curta; e a sua está quase esgotada; mesmo assim, você insiste em não honrar a si mesmo, mas buscar sua felicidade nas almas de outros homens."

Marco Aurélio, Meditações, Livro 2, 6..

28 de abril

"Um amigo te ama, é claro; mas quem te ama nem sempre é teu amigo. A amizade, portanto, é sempre útil, mas o amor às vezes até faz mal. Procure aperfeiçoar-se, se não por outro motivo, para aprender a amar."

Sêneca, Epístolas sobre Amizade, Epístola 35, "Sobre amizades entre mentes similares".

29 de abril

"Não se desvie do seu caminho. Em cada impulso, faça justiça ao que lhe é devido e, em todo pensamento, certifique-se de que o compreende."

Marco Aurélio, Meditações, Livro 4, 22.

30 de abril

"Então, dizemos: 'Senhor Deus, como não ficarei ansioso?' Tolo, você não tem mãos? Deus não as fez para você? Então sente-se agora e reze para que seu nariz não escorra com suas lágrimas. Limpe-se antes e não o culpe."

Epiteto, A Seleção dos Discursos de Epicteto,
"Que não nos esforçamos para usar nossas opiniões sobre o bem e o mal."

1 de maio

"É ridículo dizer: 'Sugira-me algo (diga-me o que fazer)'. O que eu deveria sugerir a você? Pois bem, molde a mente de modo que ela se adapte a qualquer coisa que venha a acontecer."

Epiteto, A Seleção dos Discursos de Epicteto, "Sobre tranquilidade".

2 de maio

"Aqueles que se opõem a você no caminho da razão não têm poder algum para impedi-lo, então não dê esse poder a eles. Esteja atento tanto para persistir com firmeza em julgamentos e ações, como também na mansidão para com aqueles que podem lhe atrapalhar ou incomodar de alguma outra forma. É igualmente sinal de fraqueza ficar com raiva deles ou desistir de agir e submeter-se à derrota. Ambos são igualmente desertores – aquele que foge e aquele que se recusa a apoiar o amigo e parente."

Marco Aurélio, Meditações, Livro 11, 9.

3 de maio

"Alguns homens, quando lhe fazem um favor, estão mais do que dispostos a cobrá-lo quando os convêm. Outros não são tão ousados em suas reivindicações, mas ainda assim, para eles, você deve algo a eles e sabem muito bem o valor daquilo que lhe fizeram. Um terceiro tipo parece não ter consciência de seu serviço. Eles são como a videira, que produz seus cachos e fica satisfeita quando dá o fruto adequado. O cavalo quando segue seu curso, o cão quando segue a trilha, a abelha quando faz seu mel e o homem quando faz o bem aos outros não se gabam disso com alarde, mas se põem a fazer o mesmo mais uma vez, pois a videira produz novamente os seus cachos quando chega a sua estação do ano."

Marco Aurélio, Meditações, Livro 5, 6.

4 de maio

"De manhã, quando você não estiver disposto a se levantar, tenha isto em mente: 'estou me levantando para tratar dos negócios próprios do homem, e deveria eu me queixar do meu comprometimento com aquele trabalho para o qual vim a este mundo? Estou preparado para algo além de deitar entre as roupas de cama e me manter aquecido?'."

Marco Aurélio, Meditações, Livro 5, 1

5 de maio

"Recuse-se a fazer juramentos, se puder; caso contrário, evite-os na medida do possível."

Epiteto, Encheiridion, 33.

6 de maio

"O melhor plano é rejeitar imediatamente os primeiros incentivos à raiva, resistir às suas tentações e tomar cuidado para não ser traído por ela: pois uma vez que começa a nos levar para longe, é difícil voltar para uma condição saudável, porque a razão não serve para nada uma vez que a paixão foi admitida na mente, e se por nossa própria vontade recebeu uma certa autoridade, ela fará no futuro o que bem quiser, não apenas o que você permitir."

Sêneca, Sobre a Ira, Livro 1, 8.

7 de maio

A vida seguirá o trajeto no qual se iniciou, e em nenhum momento vai regredir ou mudar de curso; não fará ruídos, não o lembrará de sua rapidez. Silenciosa, ela deslizará; não irá se prolongar ao comando de um rei ou aos aplausos do povo. A vida segue da mesma forma que se iniciou em seu primeiro dia; em lugar algum se desviará, em lugar algum se demorará.

Sêneca, Sobre a Brevidade da Vida, 8.

8 de maio

Existem muitas hastes de incenso colocadas no mesmo altar. Uma delas logo cai; a outra cai depois. Não faz diferença.

Marco Aurélio, Meditações, Livro 4, 15.

9 de maio

Para que serve a raiva, quando um mesmo fim pode ser alcançado pela razão?

Sêneca, Sobre a Ira, Livro 1, 11.

10 de maio

"Não se sinta envergonhado por aceitar ajuda. Você deve fazer a sua parte, assim como um soldado quando a muralha é atacada. E se você estiver fraco e não puder escalar a muralha sozinho, exceto se tiver ajuda?"

Marco Aurélio, Meditações, Livro 7, 7.

11 de maio

"Reflita que tudo é questão de opinião; e a opinião depende de você, então suprima a sua, quando quiser, e como quem dobrou o cabo e alcançou a baía, você terá diante de si um mar de quietude, e nunca com ondas."

Marco Aurélio, Meditações, Livro 12, 22.

12 de maio

"Há algumas coisas que estão em nosso poder e outras que não estão. Em nosso poder estão a opinião, o propósito, o desejo, a aversão e, em suma, quaisquer questões que sejam apenas nossas. Além do nosso poder estão o corpo, a propriedade, a reputação, os cargos e tudo aquilo que não é propriamente da nossa conta."

Epiteto, Encheiridion, 1.

13 de maio

"Um homem bom cumprirá seu dever sem transtornos ou medos, e cumprirá o dever de um homem bom, de modo a não fazer nada que seja indigno."

Sêneca, Sobre a Ira, Livro 1, 12.

14 de maio

"Os homens não se perturbam com as coisas que acontecem à sua volta, mas com a visão que eles têm delas. Assim, a morte não é nada terrível, do contrário teria parecido assim a Sócrates[8]. Mas o medo consiste em nossa ideia de morte, que é terrível. Quando, portanto, somos impedidos ou perturbados, ou enlutados, não é o caso de culpar os outros por isso, mas a nós mesmos, isto é, as nossas próprias opiniões."

Epiteto, Encheiridion, 5.

15 de maio

"O caráter de seus pensamentos mais frequentes será o caráter da sua mente. A alma é tingida com a cor dos seus pensamentos."

Marco Aurélio, Meditações, Livro 5, 16.

---

8 Sócrates foi condenado à morte sob a acusação de não crer nos deuses e costumes gregos, e corromper jovens com seus ideais. Durante sua execução, que se deu por meio envenenamento, foi descrito por Platão em seu livro *Fédon*, que Sócrates não temia a morte, nem mesmo quando o veneno tomou conta de seu corpo, mas a aguardava com entusiasmo pelo desconhecido.

16 de maio

"É útil para um homem entender sua doença e quebrar sua força antes que ela se desenvolva. Vejamos o que especificamente nos irrita: alguns se ofendem com palavras ofensivas, outros com atos; [...] um não suporta o orgulho, outro não suporta a obstinação [...]. As pessoas não se ofendem da mesma maneira; você deve, então, saber qual é o seu próprio ponto fraco, para que possa guardá-lo com cuidado."

Sêneca, Sobre a Ira, Livro 3, 10.

17 de maio

"Pense em quantas ondas você encontrou, quantas tempestades suportou na vida privada, e por outro lado, na vida pública; por muito tempo sua virtude foi exibida em provas árduas e incessantes – experimente como ela se comportará no lazer. A maior parte de sua vida, certamente a melhor parte dela, foi dedicada à vida pública; tome agora uma pouco do seu tempo para si."

Sêneca, Sobre a Brevidade da Vida, 18.

18 de maio

"Para um ser racional, agir segundo a natureza é agir segundo a razão."

Marco Aurélio, Meditações, Livro 7, 11.

19 de maio

"A mente não se separa e observa suas paixões de fora, de modo a não permitir que elas avancem mais do que deveriam, mas ela mesma se transforma em paixão e, portanto, é incapaz de verificar o que antes era uma força salutar e útil, e agora se tornou degenerada e mal aplicada, porque a paixão e a razão, como eu disse antes, não possuem sedes distintas e separadas, mas consistem nas mudanças da mente, seja para melhor ou para pior."

Sêneca, Sobre a Ira, Livro 1, 8.

20 de maio

"Nunca estime nada que o obrigue a quebrar sua fé ou abandonar sua honra; que o faça odiar, abominar ou desconfiar de qualquer homem; tampouco desempenhar um papel ou fixar sua mente em qualquer coisa que precise ser escondida por paredes ou cortinas."

Marco Aurélio, Meditações, Livro 3, 7.

21 de maio

"Quando você for até alguém poderoso, imagine que pode não o encontrar em casa, que talvez você seja excluído, que as portas talvez não se abram, que talvez ele nem o perceba. Se, com tudo isso, ainda for seu dever ir até essa pessoa, suporte o que quer que aconteça e nunca diga a si mesmo que não valeu a pena; pois isso é grosseiro e do caráter de pessoas que se deixam desorientar por coisas externas.

Epiteto, Encheiridion, 33.

22 de maio

Sempre que alguém o ofender, reflita imediatamente a respeito das concepções que ele tinha sobre bem e mal. Uma vez que você enxergar onde está o erro, terá pena e não ficará surpreso ou zangado. Na verdade, talvez você até mesmo considere, equivocadamente, como boas as mesmas coisas que ele. Seu dever, então, é perdoar. E, se você parar com essas ideias falsas de bom e mau, estará mais disposto em perdoar os enganos.

Marco Aurélio, Meditações, Livro 7, 26.

23 de maio

As vidas mais longas e mais curtas têm um efeito. O momento presente é o mesmo para todos os homens, e sua perda, portanto, é igual, pois é claro que o que eles perdem na morte é apenas um instante fugaz de tempo. Nenhum homem pode perder o passado ou o futuro, pois como um homem pode ser privado do que não possui?

Marco Aurélio, Meditações, Livro 2, 14.

24 de maio

"Você está triste por pesar apenas alguns quilos e não mais? Da mesma forma, há um motivo para ficar triste se viver apenas alguns anos e não mais? Você está satisfeito com a porção de corpo que lhe foi atribuída; contente-se então, da mesma maneira, com o tempo que lhe foi designado."

Marco Aurélio, Meditações, Livro 6, 49.

25 de maio

"Alexandre, da Macedônia, e seu cavalariço, quando morreram, ficaram em situação semelhante. Eles foram resumidos à mesma forma na fonte que produz todas as coisas, ou igualmente dispersos entre os átomos."

Marco Aurélio, Meditações, Livro 6, 24.

26 de maio

"O que é, então, aquilo que torna um homem livre de obstáculos e o transforma em seu próprio mestre? Pois a riqueza não o faz, nem o cônsul[9], nem o governo provincial, nem o poder real; mas algo mais deve ser descoberto."

Epiteto, A Seleção dos Discursos de Epicteto, "Sobre a liberdade".

9 Na Roma Antiga, cônsul era o cargo mais alto na política.

27 de maio

"Devo a Rústico minhas primeiras apreensões de que minha natureza precisava de reforma e cura; aprendi com ele a ser facilmente apaziguado e a reconciliar-me prontamente com aqueles que me desagradaram ou ofenderam, assim que se dispusessem a fazer as pazes; aprendi a ler com atenção; não ficar satisfeito com leituras superficiais; nem concordar rapidamente com grandes faladores."

Marco Aurélio, Meditações, Livro 1, 7.

28 de maio

"Um de seus ditados era: empregados servem aos seus mestres, e homens perversos são escravos de seus desejos."

Diógenes Laércio, "As vidas e opiniões de filósofos eminentes", 6, 2.

29 de maio

"Tenha em mente o universo do ser no qual a sua parte é excessivamente pequena, o universo do tempo do qual apenas um breve e fugaz momento é atribuído a você; o destino das coisas, e quão infinitesimal é a sua parte nelas."

Marco Aurélio, Meditações, Livro 5, 24.

30 de maio

"Zenão dizia: a bondade é adquirida de pouco em pouco, mas ela em si não é algo pequeno."

Zenão, citado por Diógenes Laércio em "As vidas e opiniões de filósofos eminentes, Livro 7, 1, 22.

31 de maio

"A razão dá a cada lado tempo para se defender; além disso, ela própria exige o adiamento, pois pode haver espaço o suficiente para a descoberta da verdade; ao passo que a raiva tem pressa; enquanto a razão deseja dar uma decisão justa, a raiva deseja que sua decisão seja considerada justa; a razão não olha além do assunto em questão; a raiva é excitada por matéria vazia pairando aos arredores do caso: é irritada por qualquer coisa que se aproxime de uma atitude confiante, uma voz alta, um discurso desenfreado, roupas delicadas, súplicas exageradas ou popularidade com o público. Frequentemente, condena um homem porque não gosta de seu patrono; ama e mantém o erro mesmo quando a verdade a está encarando de frente. Odeia ser provada errada e pensa que é mais honroso perseverar em uma linha de conduta equivocada do que retratá-la."

Sêneca, Sobre a Ira, Livro 1, 18.

1 de junho

"Para a terra retorna tudo aquilo que dela veio, mas o que é da semente celestial retorna ao paraíso."

Marco Aurélio, Meditações, Livro 7, 50.

2 de junho

"Procure dizer a toda ideia desagradável que cruze seu caminho: 'Você é somente uma ideia e de forma alguma é a realidade'. E então, examine-a com os princípios que possui; primeiramente e principalmente com isto: quer se trate das coisas que estão em nosso poder ou daquelas que não estão; e se está relacionada a algo além do nosso poder, esteja preparado para dizer que isso não lhe diz respeito."

Epiteto, Encheiridion, 1.

3 de junho

"Você fica indignado por seu escravo lhe responder mal, ou o seu liberto, sua esposa ou seu cliente: e então você reclama que o Estado perdeu a mesma liberdade que você destruiu em sua própria casa."

Sêneca, Sobre a Ira, Livro 3, 35.

4 de junho

"Com relação a quaisquer objetos que deleitem a mente, sejam de uso comum ou muito amados, lembre-se de qual é a natureza deles, começando com as mais simples: se você tem um copo preferido, aquilo é apenas um copo ao qual você está apegado – portanto, se vier a se quebrar, você pode superar isso; se você abraçar o seu filho ou a sua esposa, lembre-se de que são seres mortais – portanto, se algum dos dois vier a falecer, você pode suportar."

Epiteto, Encheiridion, 3.

5 de junho

"Cada homem tem seu próprio prazer. O meu está em ter o meu guia interior sadio; sem aversão a qualquer homem, ou a qualquer acaso que possa acontecer à humanidade. No entanto, deixe-me olhar para todas as coisas com olhos bondosos. Deixe-me aceitá-las e usá-las de acordo com seu valor."

Marco Aurélio, Meditações, Livro 8, 43.

6 de junho

"A própria razão, que segura as rédeas, só é forte enquanto se mantém afastada de impulsos passionais; se ela se deixar misturar e contaminar com eles, não será mais capaz de conter aqueles que outrora poderia ter tirado de seu caminho."

Sêneca, Sobre a Ira, Livro 1, 7.

7 de junho

"Pare de divagar, porque você não lerá novamente suas próprias memórias, nem os feitos dos antigos gregos e romanos, ou até mesmo aquelas coleções de escritos que você guardou para a sua velhice. Apresse-se, então, para o seu fim adequado. Jogue fora esperanças vãs e auxilie a si mesmo, enquanto ainda pode."

Marco Aurélio, Meditações, Livro 3, 14.

8 de junho

"Faça progresso em sua vida e, antes de tudo, esforce-se para ser coerente consigo mesmo; e quando descobrir se conseguiu realizar algo, reflita se hoje ainda deseja as mesmas coisas que ontem."

Sêneca, Epístolas sobre Amizade, Epístola 35, "Sobre amizades entre mentes similares".

9 de junho

"Vergonhoso é aquele que, esgotado mais rapidamente por seu modo de vida do que por seu trabalho, desmorona no meio de seus deveres."

Sêneca, Sobre a Brevidade da Vida, 20.

10 de junho

"Basta desta vida miserável: chega de reclamações. O que o perturba? Algum de seus problemas é novo? O que está lhe tirando do sério? É o motivo do problema? Então reflita sobre isso. É o problema em si? Reflita também. Além disso, não há mais nada. Portanto, aja com mais simplicidade e bondade para com os deuses. Quer você observe este espetáculo que é a vida por cem anos ou por três, ele continua o mesmo."

Marco Aurélio, Meditações, Livro 9, 37.

11 de junho

"Partir em busca do impossível é loucura; mas também é impossível que os maliciosos não procurem agir em busca dessa ilusão."

Marco Aurélio, Meditações, Livro 5, 17.

12 de junho

"É tão grosseira a natureza humana que, por mais que os homens recebam, acabam se julgando injustiçados se puderem receber mais."

Sêneca, Sobre a Ira, Livro 3, 31.

13 de junho

"Lembre-se de que você deve se comportar como se estivesse em um banquete. Algo foi trazido até você? Estenda sua mão e pegue uma porção moderadamente. Algo passou por você? Não o pare. Ainda não chegou? Não fique ansioso, espere que chegue até você. O mesmo acontece com os filhos, a esposa, o escritório, as riquezas; e em algum momento você será digno de festejar com os deuses. E se não tomar as coisas que estão diante de você, mas for capaz até mesmo de renunciar a elas, então você não apenas será digno de festejar com os deuses, mas de governar com eles também."

Epiteto, Encheiridion, 13.

14 de junho

"Se você assumir um papel que está além da sua capacidade, você tanto se desonrará nele quanto deixará de lado um papel no qual poderia ter sucesso."

Epiteto, Encheiridion, 37.

15 de junho

"Eu digo que a irritabilidade tem essa falha – é relutante em ser governada: está zangada com a verdade, se esta vier à luz contra sua vontade: ela ataca aqueles que marcou como suas vítimas com gritos, barulho e gesticulação tumultuados em todo o corpo, junto com repreensões e maldições."

Sêneca, Sobre a Ira, Livro 1, 19.

16 de junho

"Aquele que teme a morte teme a extinção de todos os sentidos ou a experiência de um novo. Se todos os sentidos forem extintos, não pode haver nenhum mal. Se um tipo diferente de sentido for adquirido, você se tornará um ser diferente e não deixará de viver."

Marco Aurélio, Meditações, Livro 8, 58.

17 de junho

"A segurança da vida é ver toda a natureza de todas as coisas e discernir a matéria e a forma de sua constituição; é também fazer justiça com todo o seu coração e falar a verdade. O que resta senão aproveitar a vida, somando uma boa ação à outra, sem deixar o menor intervalo entre elas?"

Marco Aurélio, Meditações, Livro 12, 29.

18 de junho

"Aqueles que esquecem o passado, negligenciam o presente e temem o futuro têm uma vida muito breve e conturbada; quando chegam ao fim, os pobres coitados percebem tarde demais que estiveram muito ocupados a viver em vão."

Sêneca, Sobre a Brevidade da Vida, 16.

19 de junho

"Algumas pessoas, temendo serem enganadas, ensinaram os homens a mentir; por suas desconfianças, deram ao seu amigo o direito de fazer o mal. Por que preciso me preocupar com o que digo na presença do meu amigo? Não deveria eu me considerar sozinho quando estou na companhia dele?"

Sêneca, Epístolas sobre Amizade, Epístola 3, "Sobre amizades falsas e verdadeiras".

20 de junho

"Os homens não entendem o completo significado das palavras roubar, semear, comprar, descansar, ver o que deve ser feito. Pois não é o olhar físico, mas outro tipo de visão que deve discernir essas coisas."

Marco Aurélio, Meditações, Livro 3, 15.

21 de junho

"Você diz: 'Eu não consigo suportar isso: as feridas são difíceis de aguentar'. Você está mentindo, pois como pode alguém não ser capaz de aguentar uma injúria, mas aguentar o dano que a raiva lhe causa? Além disso, o que você pretende fazer é suportar tanto o dano da injúria quanto o dano da raiva."

Sêneca, Sobre a Ira, Livro 3, 26.

22 de junho

"Num instante, a Natureza, a governante suprema e universal, mudará todas as coisas que você vê à sua volta; de sua substância ela criará outros seres, e outros ainda da substância destes, para que o mundo seja sempre novo."

Marco Aurélio, Meditações, Livro 7, 25.

23 de junho

"Se a culpa não é o meu pecado, nem consequência dele, se não há dano ao bem comum, por que estou me perturbando? Onde está o dano ao bem comum?"

Marco Aurélio, Meditações, Livro 5, 35.

24 de junho

"A doença é um obstáculo para o corpo, mas não para a vontade, a menos que ela queira que assim seja. Mancar é um obstáculo para a sua perna, mas não para sua vontade; e diga isso a si mesmo em relação a tudo o que vier a acontecer. Pois você vai descobrir que é um obstáculo para outra coisa, mas não realmente para você."

Epiteto, Encheiridion, 11.

25 de junho

"Tudo o que você deseja alcançar em seu progresso já é seu, se não prejudicar a você mesmo."

Marco Aurélio, Meditações, Livro 12, 1.

26 de junho

"Reflita com frequência sobre a conexão entre todas as coisas no Universo e a relação umas com as outras. Todas as coisas estão de certo modo mescladas umas às outras e são, portanto, mutuamente amigáveis. Pois uma coisa vem na devida ordem após a outra, em virtude dos movimentos ordenados e da harmonia e unidade do todo."

Marco Aurélio, Meditações, Livro 6, 38.

27 de junho

"Você costuma desejar outras coisas que não estão de acordo com a sua natureza. E você diz: 'O que pode ser mais agradável do que essas coisas?' Não seria essa a armadilha que o prazer arma para nós? No entanto, considere se magnanimidade, franqueza, simplicidade, bondade e piedade não são prazeres ainda maiores. E o que é mais agradável do que a própria sabedoria, quando você está consciente da segurança e da felicidade em sua capacidade de apreensão e razão?"

Marco Aurélio, Meditações, Livro 5, 9.

28 de junho

"Que deixemos que qualidades diferentes em pessoas diferentes nos impeçam de brigar com elas. Que tenhamos medo de nos zangar com algumas pessoas, que sintamos vergonha de estar zangados com outras."

Sêneca, Sobre a Ira, Livro 3, 32.

29 de junho

"Enquanto não encontrarmos nada em nossa vida tão insuportável que nos leve ao suicídio, vamos, em qualquer posição que estejamos, afastar a raiva de nós: ela é destrutiva para aqueles que são seus escravos."

Sêneca, Sobre a Ira, Livro 3, 16.

30 de junho

"Você está zangado com alguém cujas axilas cheiram mal ou cujo hálito é ruim? Qual é a utilidade nisso? A boca ou as axilas dele são desse jeito, e a consequência deve se seguir. Mas então você diz: 'O homem, que é dotado de razão, pode descobrir seus defeitos, com o devido empenho'. Muito bem, você também tem razão. Use sua razão para despertar a dele; Aponte o erro, e se ele ouvir você, estará curado e não haverá motivo para raiva."

Marco Aurélio, Meditações, Livro 5, 28.

1 de julho

"Pois tudo o que vem até nós ao acaso é instável, e quanto mais alto sobe, maior é a probabilidade de cair. Além disso, o que está condenado a perecer não traz prazer a ninguém; e não apenas curta, mas muito miserável, deve ser a vida daqueles que trabalham duro para ganhar o que devem trabalhar ainda mais para manter."

Sêneca, Sobre a Brevidade da Vida, 17.

2 de julho

"O homem vaidoso coloca sua felicidade nos atos de terceiros. O sedutor a encontra em suas próprias sensações. O sábio a percebe em seu próprio trabalho."

Marco Aurélio, Meditações, Livro 6, 51.

3 de julho

"Se acontecer de um corvo grasnar, não se deixe dominar pelas aparências, mas pense e diga: 'Nada é mau presságio para mim, seja para meu corpo, propriedade, reputação, filhos ou esposa. Mas, para mim, todos os presságios trazem sorte, se eu quiser. Pois, aconteça o que acontecer, cabe a mim tirar vantagem disso.'"

Epiteto, Encheiridion, 18.

4 de julho

"O que é mais cruel do que a raiva? O que é mais afetuoso com os outros do que o homem? No entanto, o que há de mais selvagem contra eles do que a raiva? A humanidade nasce para a ajuda mútua, a raiva para a ruína mútua."

Sêneca, Sobre a Ira, Livro 1, 5.

5 de julho

Assim como os sinais de chuva vêm antes das próprias tempestades, existem certos precursores da raiva, do amor e de todas as tempestades que atormentam nossas mentes.

Sêneca, Sobre a Ira, Livro 3, 10.

6 de julho

Ame o bem ao qual você retorna; e volte para a Filosofia, não como aquele que vem a um mestre, mas como aquele cujos olhos machucados recorrem à esponja e ao ovo[10] [...].

Marco Aurélio, Meditações, Livro 5, 9.

7 de julho

Faça um apelo rápido ao seu guia interior, ao Universo e àquele que o ofendeu. Para o seu guia, que você possa torná-lo uma mente disposta à justiça; para o Universo, que você possa se lembrar de que faz parte dele; e àquele que o ofendeu, para que você saiba se ele agiu por ignorância ou intencionalmente, e que você também possa refletir que ele é um amigo[11].

Marco Aurélio, Meditações, Livro 9, 22.

10 Na Roman Antiga era comum usar clara de ovo para tratar inflamações nos olhos.

11 Em inglês, "kinsman", pode ser traduzido como amigo, parente ou compatriota.

8 de julho

"Todas as maiores bênçãos são fonte de ansiedade, e em nenhum momento a fortuna é menos sabiamente confiável do que no seu auge; para manter a prosperidade, há necessidade de outra prosperidade, e em favor das orações que deram certo, devemos fazer ainda mais orações."

Sêneca, Sobre a Brevidade da Vida, 17.

9 de julho

"A condição de todos os que estão absortos é miserável, mas mais miserável é a condição daqueles que trabalham em ocupações que nem sequer são suas, que regulam seu sono pelo de outro, sua caminhada pelo ritmo de outro, que estão sob as ordens deles nas coisas mais livres do mundo — o amor e o ódio. Se eles desejam saber quão curta sua própria vida é, deixe-os refletir quão pequena é a parte dela que realmente lhes cabe."

Sêneca, Sobre a Brevidade da Vida, 19.

10 de julho

"Permita que a morte e o exílio, e todas as outras coisas que parecem ser terríveis, sejam diárias sob os seus olhos, principalmente a morte; e você nunca terá um pensamento indigno, nem cobiçará nada com demasiada avidez."

Epiteto, Encheiridion, XXI.

11 de julho

“Em cada ação, considere o que precede e o que se segue, para só então realizá-la. Do contrário, você começará com ânimo, de fato, sem se importar com as consequências, mas quando estas surgirem, você desistirá vergonhosamente.”

Epiteto, Encheiridion, 29.

12 de julho

“Cumpra sua tarefa sem egoísmo, imprudência ou desleixo. Não deixe que seus pensamentos sejam adornados com enfeites. Não seja homem de muitas palavras, tampouco muito ocupado. [...] Esteja bem-disposto e não saia em busca de serenidade proporcionada por terceiros; um homem deve ser autossustentável, não sustentado.”

Marco Aurélio, Meditações, Livro 3, 5.

13 de julho

“Aquele a quem cabe possuir algo que não é mundano não pode ser chamado de uma pessoa mundana; um homem é da mesma espécie do que aquilo que ele possui. Um cofre tem o valor exato daquilo que contém; ou melhor, é um mero acessório do que detém consigo.”

Sêneca, Epístolas Sobre a Simplicidade, Epístola 86: Algumas Discussões a Favor de uma Vida Simples.

14 de julho

"Evite entretenimentos públicos e vulgares; mas se alguma vez uma ocasião o chamar para eles, mantenha sua atenção, para que você não escorregue imperceptivelmente para a vulgaridade. Tenha certeza de que, mesmo que uma pessoa seja pura, se seu companheiro for corrompido, aquele que conversa com ele será corrompido da mesma forma."

Epiteto, Encheiridion, 33.

15 de julho

"Da mesma forma que um alvo não é criado com o objetivo de não ser atingido, a natureza do mal também não existe no mundo."

Epiteto, Encheiridion, 27.

16 de julho

"Tudo é breve; tanto a lembrança quanto o que se é lembrado."

Marco Aurélio, Meditações, Livro 4, 35.

17 de julho

"A inteligência derruba tudo o que impede sua atividade encaminhada à meta proposta; e se converte em ação o que retinha essa ação, e toda obstrução se transforma em caminho."

Marco Aurélio, Meditações, Livro 5, 20.

18 de julho

"Se algum Deus lhe informasse que você morrerá amanhã, ou no dia seguinte, no máximo, você não se preocuparia se seria amanhã ou no dia seguinte; isto é, se você não fosse o mais miserável dos covardes. A diferença é tão pequena! Portanto, não leve em consideração o fato de você poder morrer depois de muitos anos ou amanhã."

Marco Aurélio, Meditações, Livro 4, 47.

19 de julho

"Aqueles que proferem sentimentos virtuosos, mas não os colocam em prática, não são melhores do que harpas; pois harpas são objetos inanimados e sem sentimentos."

Diógenes Laércio, As Vidas e Opiniões de Filósofos Eminentes, 6, 2, 6.

20 de julho

"Quando for conferenciar com qualquer pessoa, e especialmente com alguém que pareça superior a você, pense consigo mesmo como Sócrates ou Zenão se comportariam em tal situação, e você não terá dificuldades para encarar o que quer que aconteça."

Epiteto, Encheiridion, 33.

21 de julho

"É melhor não ver nem ouvir tudo: diversos motivos de ofensa podem passar por nós, a maioria dos quais são desconsiderados pelo homem que os ignora. Você não ficaria irado? Então não seja curioso."

Sêneca, Sobre a Ira, Livro 3, 11.

22 de julho

"Você possui a razão? 'Sim, possuo'. Então por que não a usa? Pois se ela desempenhar seu próprio ofício por si só, do que mais você precisará?"

Marco Aurélio, Meditações, Livro 4, 13.

23 de julho

"Você se pergunta onde reside o Bem Supremo? Na alma. E a menos que a alma seja pura e santa, não há lugar nela para Deus."

Sêneca, Epístolas Sobre a Simplicidade, Epístola 86: Algumas Discussões a Favor de uma Vida Simples

24 de julho

"'Você é uma pobre alma selada em um cadáver', disse Epiteto."

Marco Aurélio, Meditações, Livro 4, 41.

25 de julho

"Aquele que procura saber o que se diz dele, que desenterra histórias maldosas, mesmo que tenham sido contadas em segredo, é o próprio destruidor de sua paz de espírito."

Sêneca, Sobre a Ira, Livro 3, 11.

26 de julho

"Os homens foram criados um para o outro. Ensine-os melhor ou tenha paciência com eles."

Marco Aurélio, Meditações, Livro 8, 59.

27 de julho

"Se puder, ensine os homens. Caso não possa, lembre-se de que a virtude da caridade lhe foi dada para ser usada em tal situação."

Marco Aurélio, Meditações, Livro 9, 11.

28 de julho

"A raiva cessará e se tornará mais branda se você souber que todos os dias terá que aparecer diante do tribunal."

Sêneca, Sobre a Ira, Livro 3, 36.

29 de julho

"O sábio é suficiente a si mesmo para uma existência feliz, mas não para a mera existência. Pois ele precisa de muita ajuda para uma mera existência; mas para uma existência feliz ele precisa apenas de uma alma sã e correta, uma que despreza a Fortuna."

Sêneca, Epístolas sobre Amizade, Epístola 9, "Filosofia e amizade".

30 de julho

"O mundo é uma sucessão de mudanças: a vida é um mero pensamento."

Marco Aurélio, Meditações, Livro 4, 3.

31 de julho

"O que, então, torna um homem bonito? Não é a posse da excelência de um homem? E você, então, se deseja ser belo, jovem, tem esforço para adquirir a excelência humana? Mas o que é isso? Observe a quem você mesmo está elogiando, quando elogia muitas pessoas sem parcialidade: você elogia o justo ou o injusto? O justo. Você elogia o moderado ou o imoderado? O moderado. O calmo ou o desregrado? O calmo. Se, então, você se tornar tal pessoa, saberá que se tornará bela; mas enquanto negligenciar essas coisas, você será feio mesmo que planeje tudo que puder para parecer bonito."

Epiteto, A Seleção dos Discursos de Epicteto, "Sobre a elegância na vestimenta".

1 de agosto

"Não há mal para as coisas que persistem na mudança; e não pode haver bem para as coisas que persistem sem ela."

Marco Aurélio, Meditações, Livro 4, 42.

2 de agosto

Sentimos alegria por aqueles que amamos, mesmo quando estamos longe deles, mas tal alegria é leve e passageira; a visão de um homem, a sua presença e comunhão com ele proporcionam algo de um prazer vivo; isso é verdadeiro se alguém não apenas vê o homem que deseja encontrar, mas o tipo de homem que deseja encontrar.

Sêneca, Epístolas sobre Amizade, Epístola 35, "Sobre amizades entre mentes similares".

3 de agosto

Você tem o poder de não formar opinião sobre alguns assuntos e, assim, ter paz de espírito. As coisas materiais não têm o poder de formar nossas opiniões por nós.

Marco Aurélio, Meditações, Livro VI, 52.

4 de agosto

Lembre-se de que não apenas o desejo de poder e de riqueza nos torna mesquinhos e sujeitos aos outros, mas também o desejo de tranquilidade, de lazer, de viajar para o exterior e de aprender. Pois, para falar claramente, qualquer que seja a coisa externa, o valor que atribuímos a ela nos coloca em sujeição a outros.

Epiteto, A Seleção dos Discursos de Epicteto, "Para aqueles desejosos de passar a vida com tranquilidade".

5 de agosto

"Não se junte a lamentações alheias; evite emoções violentas."

Marco Aurélio, Meditações, Livro 7, 43.

6 de agosto

"Sobre as coisas da vida: algumas são boas, algumas são más e outras são indiferentes; as boas, então, são virtudes, e as coisas que participam das virtudes; e as más são o oposto; já as indiferentes são riqueza, saúde e honrarias."

Epiteto, A Seleção dos Discursos de Epicteto, "Quando não podemos cumprir àquele que promete o caráter de homem, assumimos o caráter de filósofo".

7 de agosto

"Cada ação, cada palavra, cada pensamento: faça-os sabendo que seus dias podem terminar a qualquer momento."

Marco Aurélio, Meditações, Livro 2, 11.

8 de agosto

"Pergunte-se se é necessário estimar como bens genuínos coisas que, se analisadas apropriadamente, chegaria-se à conclusão de que seu possuidor, por conta da abundância desses bens, 'não tem um canto para se aliviar'."

Marco Aurélio, Meditações, Livro 5, 12.

9 de agosto

"Uma variação da vontade indica que a mente está no mar, indo em várias direções, de acordo com o curso do vento. Mas o que está decidido e consolidado não vagueia de seu lugar. Esta é a sorte abençoada do homem completamente sábio, e também, até certo ponto, daquele que está progredindo ou fez algum progresso."

Sêneca, Epístolas sobre Amizade, Epístola 35, "Sobre amizades entre mentes similares".

10 de agosto

"Jogue fora a presunção. É impossível para um homem começar a aprender o que pensa que já sabe."

Epiteto, A Seleção dos Discursos de Epicteto, "Como devemos adaptar as preconcepções casos específicos".

11 de agosto

"Pense em sua longa procrastinação e nas muitas oportunidades que lhe foram dadas pelos deuses, mas não foram aproveitadas. Certamente já é hora de compreender o Universo do qual você faz parte, e o Governante desse Universo, do qual você é uma manifestação. Compreenda que há um limite estabelecido para seus dias, dias estes que, se você não usar para seu esclarecimento, se acabarão, assim como você, e não retornarão mais."

Marco Aurélio, Meditações, Livro 2, 4.

12 de agosto

"Você está absorto, a vida se acelera; enquanto isso, a morte se aproxima; e a esta, quer você queira ou não, terá que se entregar."

Sêneca, Sobre a Brevidade da Vida, 8.

13 de agosto

"A vida do filósofo, portanto, tem um amplo espectro, e ele não está confinado pelos mesmos limites que os outros. [...] Algum tempo se passou? Ele o recupera pela memória. O tempo está presente? Ele o usufrui. Ainda está por vir? Ele o antecipa. Ele torna sua vida longa combinando todos os tempos em um só."

Sêneca, Sobre a Brevidade da Vida, 15.

14 de agosto

"O seu sofrimento é bem merecido, pois você prefere ser uma boa pessoa amanhã a ser bom hoje."

Marco Aurélio, Meditações, Livro 8, 22.

15 de agosto

"Em qualquer situação que eu me encontrasse, eu poderia ter feito minha fortuna: pois o que é fazer uma fortuna senão conferir coisas boas a si mesmo; e as verdadeiras coisas boas são um estado de espírito digno, impulsos dignos, ações dignas."

Marco Aurélio, Meditações, Livro 5, 36.

16 de agosto

"Se a luz de uma lâmpada brilha e não perde seu esplendor até que seja apagada, haveria de a verdade, a justiça e a temperança serem apagadas de você antes mesmo de sua própria extinção?"

Marco Aurélio, Meditações, Livro 12, 15.

17 de agosto

"Se você usar a força contra mim, meu corpo pode estar com você, mas minha mente estará em Estilpo."

Zenão, citado por Diógenes Laércio, "As vidas e opiniões de filósofos eminentes", Livro 7, 1, 19.

18 de agosto

"Não moderemos a raiva, mas nos livremos dela completamente."

Sêneca, Sobre a Ira, Livro 3, 42.

19 de agosto

"Siga sempre pelo caminho mais curto. O caminho curto é o caminho de acordo com a Natureza. Portanto, fale e aja de acordo com a regra mais sã; pois esta resolução o libertará de muitos trabalhos e confrontos, e de toda gestão artificial e ostentações."

Marco Aurélio, Meditações, Livro 4, 51.

20 de agosto

"Há algo mais tolo do que o ponto de vista de certas pessoas – digo, aquelas que se gabam de sua previsão? Elas se mantêm muito ocupadas a fim de que possam viver melhor; gastam a vida preparando-se para viver! Elas formam seus propósitos com vistas ao futuro distante; no entanto, o adiamento é o maior desperdício de vida; priva-as de cada dia que vem, rouba delas o presente ao prometer algo no futuro."

Sêneca, Sobre a Brevidade da Vida, 9.

21 de agosto

"Se alguém puder me convencer ou mostrar que estou errado em algum pensamento ou ato, mudarei de bom grado. É a verdade que procuro; e a verdade nunca fez mal a ninguém. O que machuca é a persistência no erro ou na ignorância."

Marco Aurélio, Meditações, Livro 6, 21.

22 de agosto

"Eu, em correntes? Você pode colocar grilhões em meus pés, mas a minha vontade, nem mesmo o próprio Zeus pode dominar."

Epiteto, A Seleção dos Discursos de Epicteto,
"Das coisas que estão em nosso poder e das que não estão".

23 de agosto

"Deus determinou esta lei e disse: 'Se você deseja algo bom, receba-o de si mesmo.'"

Epiteto, A Seleção dos Discursos de Epicteto, "Sobre firmeza".

24 de agosto

"Está muito próximo o momento em que você esquecerá todas as coisas, e quando todos esquecerão de você."

Marco Aurélio, Meditações, Livro 7, 21.

25 de agosto

"Assim, as coisas são testadas e pesadas quando as regras estão prontas. E filosofar é isso, examinar e confirmar as regras; e usá-las quando elas são conhecidas é o ato de um homem sábio e bom."

Epiteto, A Seleção dos Discursos de Epicteto, "O que é o início da Filosofia".

26 de agosto

"Estas são as características de uma alma racional: ela contempla a si mesma; ela se regula em todas as partes; ela se molda como quer; o fruto que ela produz, desfruta [...] Ela atinge seu próprio objetivo, em qualquer momento em que o fim de sua vida possa alcançá-la."

Marco Aurélio, Meditações, Livro 11, 1.

27 de agosto

"São três as partes das quais você é composto: corpo, alma e inteligência. Destas, as duas primeiras lhe pertencem na medida em que lhe cabe se ocupar delas; somente a terceira é propriamente sua."

Marco Aurélio, Meditações, Livro 12, 3.

28 de agosto

"Podemos aprender sobre a vontade da natureza a partir de coisas com as quais todos concordamos. Como quando o filho do vizinho quebra uma xícara ou algo parecido, estamos imediatamente prontos para dizer: 'Essas coisas acontecem'; tenha certeza, então, de que quando sua própria xícara for quebrada, você será afetado da mesma forma que quando a xícara de outra pessoa for quebrada. Agora aplique isso a coisas maiores. O filho ou a esposa de outra pessoa morreu? Não há ninguém que não diga: 'Esta é uma condição inevitável da mortalidade'. Mas se o seu próprio filho morre, você imediatamente diz: 'Ai de mim! Como sou miserável!' Você deve sempre se lembrar de como somos afetados ao ouvir a mesma coisa a respeito de outras pessoas."

Epiteto, Encheiridion, 26.

29 de agosto

"Não existe nada de grande ou nobre na raiva, mesmo quando parece ser poderosa e menospreza tanto deuses como homens."

Sêneca, Sobre a Ira, Livro 1, 21

30 de agosto

"Observe este corpo de dentro para fora e veja-o como ele é. Como será quando envelhecer, ou adoecer, ou se deteriorar? Curta é a vida do enaltecedor e do elogiado, de quem se lembra e de quem é lembrado [...]."

Marco Aurélio, Meditações, Livro 8, 21.

31 de agosto

"Se um hábito nos incomoda, devemos tentar buscar ajuda contra ele. Que ajuda, então, podemos encontrar contra esse hábito? [...] opor a este um hábito contrário."

Epiteto, A Seleção dos Discursos de Epicteto, "Em quantas maneiras as aparências existem, e quais ações devemos tomar contra elas".

1 de setembro

"A filosofia não se propõe a assegurar ao homem qualquer coisa externa. Se assim fosse, estaria permitindo algo que não está em seu campo. Pois, assim como o material do carpinteiro é a madeira e o do escultor é o cobre, a matéria da arte de viver é a vida de cada um."

Epiteto, A Seleção dos Discursos de Epicteto, "O que a Filosofia promete".

2 de setembro

"Contemple os percursos das estrelas, como quem gira junto com elas. Considere também, sem cessar, as transformações mútuas dos elementos. As reflexões sobre essas coisas limpam a sujeira desta vida mundana."

Marco Aurélio, Meditações, Livro 7, 47.

3 de setembro

"A mansidão é invencível se for genuína, sem sorriso afetado ou hipocrisia. Pois o que poderia o mais insolente dos homens fazer a você, se você persistir na civilidade para com ele? E, se a ocasião pedir, repreendê-lo gentil e deliberadamente, mostrando-lhe a melhor maneira de agir no exato momento em que ele está se esforçando para prejudicá-lo? O que haveria ele de fazer?"

Marco Aurélio, Meditações, Livro 11, 18.

4 de setembro

"Deixe que qualquer um diga ou faça o que bem entender, eu devo ser um bom homem. É exatamente como se o ouro, as esmeraldas ou a púrpura pudessem dizer continuamente: 'Deixe os homens fazerem ou dizerem o que quiserem, devo manter o meu brilho.'"

Marco Aurélio, Meditações, Livro 7, 15.

5 de setembro

"É fácil louvar a Providência se um homem possui essas duas qualidades: a capacidade de ver o que pertence e acontece a todas as pessoas e coisas, e uma disposição para agradecer. Se ele não possui essas duas qualidades, não verá o uso das coisas que são e acontecem, e não será grato por elas, mesmo que as conheça."

Epiteto, A Seleção dos Discursos de Epicteto, "Sobre a providência".

6 de setembro

"Na dor, você pode encontrar ajuda nas palavras de Epicuro: 'a dor não é insuportável nem eterna, se você tiver em mente seus limites estreitos e não permitir acréscimos de sua imaginação'."

Marco Aurélio, Meditações, Livro 7, 64.

7 de setembro

Existem espinhos no caminho? Vá pelos lados. É o suficiente. Não diga: 'Por que essas coisas foram trazidas ao mundo?' O naturalista riria de você, assim como um carpinteiro ou um sapateiro, se você começasse a procurar defeitos porque viu aparas e retalhos de seu trabalho espalhados pela oficina. Esses artesãos têm lugares onde podem jogar fora esse lixo, mas a Natureza universal não tem esse lugar fora de sua esfera.

Marco Aurélio, Meditações, Livro 8, 50.

8 de setembro

Você irá descobrir que aqueles a quem a fortuna nunca favoreceu, são mais felizes do que aqueles a quem ela abandonou.

Sêneca, Epístolas Sobre a Simplicidade, Epístola 110: Sobre a Simplicidade,

9 de setembro

Eu não negligenciarei minha propriedade; nem mesmo deixarei de cuidar de algo apenas porque estou desesperado em alcançar o topo.

Epiteto, A Seleção dos Discursos de Epicteto, "Como um homem pode manter seu caráter em qualquer ocasião".

10 de setembro

"Reflita sobre que tipo de homens eles são à mesa, na cama ou em qualquer outro lugar; e especialmente por quais princípios eles se mantêm vinculados e que tipo de arrogância os entretêm."

Marco Aurélio, Meditações, Livro 11, 18.

11 de setembro

"Reflita sobre o que os homens são; a quem procuram agradar; o que esperam ganhar e como farão para alcançar seus objetivos. Pense em quão cedo a eternidade envolverá todas as coisas, e o quanto já foi envolvido por ela."

Marco Aurélio, Meditações, Livro 6, 59.

12 de setembro

"Quantos daqueles que uma vez foram tão poderosamente aclamados estão entregues ao esquecimento! E quantos daqueles que os aclamaram estão mortos e esquecidos há tanto tempo!"

Marco Aurélio, Meditações, Livro 7, 6.

13 de setembro

"Você existe como parte de um todo. Você desaparecerá novamente naquilo que o produziu; ou melhor, você mudará e será retomado novamente na inteligência produtora."

Marco Aurélio, Meditações, Livro 4, 14.

14 de setembro

"Os homens são frequentemente injustos por omissões, assim como por ações."

Marco Aurélio, Meditações, Livro 9, 5.

15 de setembro

"É como diz Zenão: 'Mesmo na mente do sábio, uma cicatriz permanece depois que a ferida está completamente curada'."

Sêneca, Sobre a Ira, Livro 1, 16.

16 de setembro

'Se quiser ter seu silêncio, faça poucas coisas', diz o filósofo. Talvez seja melhor dizer: 'Faça o que for necessário, faça o que a razão do ser que é social em sua natureza orienta, e faça isso no espírito dessa direção'. Com isso, você alcançará a calma que vem da ação virtuosa, e aquela calma também que vem ao ter poucas coisas para fazer.

Marco Aurélio, Meditações, Livro 4, 24.

17 de setembro

Em relação ao que acontece no curso da natureza, os deuses não devem ser culpados. Eles nunca erram, voluntária ou involuntariamente. Nem os homens devem ser culpados, pois eles não cometem erros voluntariamente. Portanto, não há a quem culpar.

Marco Aurélio, Meditações, Livro 12, 12.

18 de setembro

Quantos são os prazeres desfrutados por ladrões, libertinos, parricidas e tiranos!

Marco Aurélio, Meditações, Livro 6, 34.

19 de setembro

Pense assim: agora que você está velho, não fique mais na servidão; não seja mais arrastado para lá e para cá como uma marionete por todo impulso egoísta. Não se preocupe mais com o que o destino agora envia, nem tema o que pode acontecer a você no futuro.

Marco Aurélio, Meditações, Livro 2, 2.

20 de setembro

Preste atenção ao que está diante de você, seja um princípio, um ato ou uma palavra.

Marco Aurélio, Meditações, Livro 8, 22.

21 de setembro

Antes de tudo, não fique perturbado. Tudo acontece conforme dirigido pela Natureza universal, e em pouco tempo você partirá deste mundo, como Adriano e Augusto. Em seguida, examine de perto a natureza do que aconteceu, lembrando-se de que é seu dever ser um bom homem. Faça com firmeza tudo o que a natureza do homem requer e fale como parecer mais justo, mas com bondade, modéstia e sinceridade.

Marco Aurélio, Meditações, Livro 8, 5.

22 de setembro

"Um bom juiz condena atos errôneos, mas não os odeia."

Sêneca, Sobre a Ira, Livro 1, 16.

23 de setembro

"Das coisas relacionadas ao corpo, forneça apenas o que for estritamente necessário, como comida, bebida, roupas, casa, servos. Mas elimine tudo que vise luxo e exibição."

Epiteto, Encheiridion, 33.

24 de setembro

"Não se preocupe tanto com o que lhe falta, mas com o que você já tem. Observe o melhor que você tem e reflita o quão apaixonadamente você teria desejado se não fosse seu. No entanto, atente-se para que não se acostume a valorizar muito essas coisas, de modo que, se as perder, você não ficará muito perturbado."

Marco Aurélio, Meditações, Livro 7, 27.

25 de setembro

"É necessário tomar conhecimento de várias circunstâncias antes de se pronunciar com segurança contra uma falha do outro."

Marco Aurélio, Meditações, Livro 11, 18.

26 de setembro

"O pecador peca contra si mesmo. O malfeitor prejudica a si mesmo tornando-se mau."

Marco Aurélio, Meditações, Livro 9, 4.

27 de setembro

"Muitas coisas que você diz e faz não são necessárias. Termine com elas e você ficará mais à vontade e menos perturbado.
Em todas as ocasiões, então, pergunte a si mesmo: 'Isso não é desnecessário?' E deixe de lado não apenas ações desnecessárias, mas pensamentos desnecessários, pois assim fazendo você evitará todas as ações supérfluas."

Marco Aurélio, Meditações, Livro 4, 24.

28 de setembro

"Se na vida humana você encontrar algo melhor do que justiça, verdade, sobriedade, valentia; qualquer coisa melhor do que a satisfação de sua alma consigo mesma naquilo em que é dado a você para seguir a razão correta; e com destino naquilo que está determinado além de seu controle; se você encontrar algo melhor do que isso, então recorra a ele de todo o seu coração e aproveite-o como o melhor que pode ser encontrado."

Marco Aurélio, Meditações, Livro 3, 6.

29 de setembro

"Faça aquilo que a natureza exige de você. Comece se você tiver os meios; e não olhe ao seu redor para ver se alguém está observando [...]. Fique satisfeito mesmo se a menor das coisas der certo."

Marco Aurélio, Meditações, Livro 9, 29.

30 de setembro

"O que não beneficia a colmeia, não beneficia a abelha."

Marco Aurélio, Meditações, Livro 6, 54.

1 de outubro

"Um grande número de livros sobrecarrega o aluno em vez de instruí-lo; é muito melhor dedicar-se a poucos autores do que apenas folhear muitos."

Sêneca, Epístolas Sobre a Simplicidade, Epístola 110: Sobre a Simplicidade.

2 de outubro

"'Então', diz nosso adversário, 'a paixão é útil, desde que moderada'. Não, somente se for útil por natureza: mas se for desobediente à autoridade e à razão, tudo o que ganhamos com sua moderação é que quanto menos paixão houver, menos dano causará: portanto, uma paixão moderada nada mais é do que um mal moderado."

Sêneca, Sobre a Ira, Livro 1, 10.

3 de outubro

"Para que fim estou usando minha alma? Deixe-me examinar a mim mesmo referente a isso em todas as ocasiões, e considerar o que está acontecendo agora naquela parte de mim que os homens chamam de 'governante de tudo'. Deixe-me pensar também, de quem é a alma que eu tenho. É de uma criança? É de um jovem, de uma mulher tímida ou de um tirano; a alma de um animal domesticado ou de um selvagem?"

Marco Aurélio, Meditações, Livro 8, 11.

4 de outubro

"Sobre cada coisa, pergunte: 'O que é isso em si e por sua constituição? Qual é a sua substância ou matéria? Qual é a sua causa? Qual é a sua parte no Universo? Quanto tempo irá durar?'."

Marco Aurélio, Meditações, Livro 6, 11.

5 de outubro

"A alma, assim livre de paixões, é uma fortaleza resistente; e um homem não pode encontrar abrigo mais fortificado onde se refugie e se livre. O homem que não percebeu isso é ignorante. Aquele que isso discerniu e não voa para lá é miserável."

Marco Aurélio, Meditações, Livro 8, 48.

6 de outubro

"Não acrescente mais a si mesmo do que lhe é declarado diretamente. Dizem que fulano falou mal de você; só isso é dito a você, não ordenou que você fosse atingido por isso. Vejo que meu filho está doente; é apenas isso que estou vendo, não vejo que ele esteja em perigo. Pense assim nas primeiras impressões; não acrescente nada a elas, e nenhum dano acontecerá a você: ou melhor, adicione o reconhecimento de que tudo faz parte do que acontece no mundo."

Marco Aurélio, Meditações, Livro 8, 49.

7 de outubro

"A paixão logo esfria, ao passo que a razão é sempre consistente."

Sêneca, Sobre a Ira, Livro 1, 17.

8 de outubro

"O que for necessário irá encontrá-lo em todos os lugares; o que é supérfluo sempre deve ser procurado — e com grande esforço."

Sêneca, Epístolas Sobre a Simplicidade, Epístola 110: Sobre a Simplicidade.

9 de outubro

"Não exija que as coisas aconteçam da forma que deseja; mas deseje que elas aconteçam da forma que devam acontecer, e você seguirá a vida mais tranquilamente."

Epiteto, Encheiridion, 8.

10 de outubro

"Você não tem tempo para ler, mas pode reprimir toda a sua insolência. Pode se manter superior ao prazer, à dor e à vã glória, pode conter toda a raiva contra os ingratos, ou melhor: esbanjar um amoroso cuidado para com eles."

Marco Aurélio, Meditações, Livro 8, 8.

11 de outubro

"Por mais que tenhamos sido formados para o benefício uns dos outros, ainda assim, a parte governante de cada um de nós tem seu próprio poder; caso contrário, o vício de outro poderia se tornar a minha própria miséria. Deus achou adequado que isso não acontecesse, para que não esteja nas mãos de outra pessoa me fazer infeliz."

Marco Aurélio, Meditações, Livro 7, 56.

12 de outubro

"Quem comete injustiça comete impiedade. Pois desde que a Natureza universal formou os animais racionais uns para os outros; cada qual para ser útil ao outro de acordo com seu mérito, e nunca de maneira prejudicial; aquele que transgride essa vontade é claramente culpado de impiedade contra o mais antigo e venerável dos deuses."

Marco Aurélio, Meditações, Livro 9, 1.

13 de outubro

"Quando qualquer pessoa lhe fizer mal, ou falar mal de você, lembre-se de que ele age ou fala sob uma impressão de que é o certo fazê-lo. [...] Portanto, se ele julga sob falsas aparências, ele é a pessoa prejudicada, visto que também ele é a pessoa enganada."

Epiteto, Encheiridion, 45.

14 de outubro

"Esteja satisfeito com sua opinião atual, se tiver certeza dela; com seu atual curso de ação, se voltado ao bem coletivo; com seu humor atual, se estiver satisfeito com tudo o que vem de fora."

Marco Aurélio, Meditações, Livro 9, 6.

15 de outubro

"Uma natureza nobre, quando recebe até mesmo um ligeiro grau de instrução, e também encontra aqueles que a ensinarão abundantemente, prossegue sem dificuldade para uma perfeita obtenção da virtude."

Zenão, citado por Diógenes Laércio,
"As vidas e opiniões de filósofos eminentes", Livro 7, 1, 8.

16 de outubro

"No uso de princípios devemos ser como o boxeador e não como o espadachim. Pois quando este deixa sua espada cair, ele está condenado. Mas o primeiro tem as mãos sempre ao seu lado e precisa somente empunhá-las."

Marco Aurélio, Meditações, Livro 12, 9.

17 de outubro

"Quando você se sentir ofendido pela ação de alguém, volte-se imediatamente para si mesmo e considere de que ato semelhante você mesmo é culpado [...]."

Marco Aurélio, Meditações, Livro 10, 30.

18 de outubro

"Em primeiro lugar, não se apresse pela rapidez das aparências, mas diga: 'Aparência, espere por mim um pouco; deixe-me ver quem você é e o que você pretende; deixe-me colocá-la à prova'."

Epiteto, A Seleção dos Discursos de Epicteto,
"Como devemos lutar contra as aparências".

19 de outubro

"Reflita sobre como a morte deverá encontrá-lo, tanto seu corpo quanto sua alma. Pense na brevidade da vida, nas eternidades do antes e do depois, e na fragilidade de todas as coisas materiais."

Marco Aurélio, Meditações, Livro 12, 7.

20 de outubro

"Lembre-se, por exemplo, da era de Vespasiano. É como o espetáculo de nossa época. Você verá homens se casando, criando filhos, doentes e moribundos, guerreando e festejando, negociando e cultivando. Você verá homens lisonjeando, obstinados em sua própria vontade, desconfiando, conspirando, desejando a morte de outros, reclamando da fortuna, cortejando amantes, acumulando tesouros, perseguindo cônsules e reinos. No entanto, toda aquela vida se foi. Venha para os dias de Trajano. Novamente, tudo é o mesmo; e, novamente, essa vida também está acabada."

Marco Aurélio, Meditações, Livro 4, 32.

21 de outubro

"'Cada alma parte-se involuntariamente da verdade' diz Platão. Você pode dizer o mesmo sobre justiça, temperança, boa natureza e todas as virtudes. É muito necessário manter isso sempre em mente; pois, se o fizer, será mais gentil com todos os homens."

Marco Aurélio, Meditações, Livro 7, 63.

22 de outubro

"O melhor remédio para a ira é o tempo: implore à sua raiva para que lhe dê tempo, não para que você perdoe a ofensa, mas para que possa formar uma decisão correta sobre ela."

Sêneca, Sobre a Ira, Livro 2, 29.

23 de outubro

"A raiva em si não tem nada de útil e não desperta a mente para atos bélicos: pois uma virtude, sendo autossuficiente, nunca precisa da ajuda de um vício: sempre que precisa de um esforço impetuoso, não fica com raiva, mas está à altura da ocasião e se agita ou se acalma tanto quanto julga necessário, assim como as máquinas que lançam dardos podem ser torcidas para um grau maior ou menor de tensão de acordo com a vontade de quem está no controle."

Sêneca, Sobre a Ira, Livro 1, 9.

24 de outubro

"Reflita sobre o passado e as revoluções de tantos impérios; e então você poderá prever o que acontecerá no futuro. Será sempre o mesmo em todas as coisas; nem os eventos podem deixar o ritmo em que estão agora se movendo. Portanto, é quase a mesma coisa ver a vida humana por quarenta, como por dez mil anos. O que mais há para ver?"

Marco Aurélio, Meditações, Livro 7, 49.

25 de outubro

"Ame apenas aquilo que lhe acontece, que vem a você como sua parte na grande fiação do Destino. O que, de fato, pode se adaptar melhor a você?"

Marco Aurélio, Meditações, Livro 7, 57.

26 de outubro

'Nenhum homem pode roubá-lo de sua liberdade de ação', disse Epiteto.

Marco Aurélio, Meditações, Livro 11, 36.

27 de outubro

Assim como se diz que Esculápio prescreveu um curso de equitação para alguém, ou o banho frio, ou andar descalço; pode-se dizer que a Natureza prescreve para um homem uma doença ou mutilação, ou perdas, ou algo semelhante. No primeiro caso, 'prescrito' significa que tal tratamento foi ditado ao paciente, pois pode coincidir com as necessidades de sua saúde: no segundo caso, significa que a fortuna de cada homem é designada para coincidir com os propósitos do Destino.

Marco Aurélio, Meditações, Livro 5, 8.

28 de outubro

Adentrar na parte governante dos outros; e também permitir que outros entrem na sua.

Marco Aurélio, Meditações, Livro 8, 61.

29 de outubro

"Erga-se ou seja erguido."

Marco Aurélio, Meditações, Livro 7, 12.

30 de outubro

"Se você tem visão aguçada, diz o filósofo, use-a com discrição e sabedoria."

Marco Aurélio, Meditações, Livro 8, 38.

31 de outubro

"Esforce-se de hora em hora e fervorosamente [...], para fazer o que cai em suas mãos com perfeita dignidade, bondade, liberdade e justiça."

Marco Aurélio, Meditações, Livro 2, 5.

1 de novembro

"A memória de todas as coisas é rapidamente enterrada na eternidade."

Marco Aurélio, Meditações, Livro 7, 10.

2 de novembro

"Tudo o que acontece é tão natural e familiar como uma rosa na primavera ou uma fruta no verão. Assim são a doença e a morte, a calúnia e a traição, e tudo o mais que dá alegria ou tristeza aos tolos."

Marco Aurélio, Meditações, Livro 4, 44.

3 de novembro

"Qual é o seu ofício? Fazer o bem. E de que outra forma isso poderia vir senão dos princípios gerais sólidos a respeito da Natureza como um todo e da constituição do homem em particular?"

Marco Aurélio, Meditações, Livro 11, 5.

4 de novembro

"Muitas vezes me pergunto como é que cada um leva mais em conta a opinião dos outros sobre si do que a sua própria."

Marco Aurélio, Meditações, Livro 12, 4.

5 de novembro

"Olhe para dentro de si. Dentro está a fonte do bem. Escave constantemente e sempre terá sucesso."

Marco Aurélio, Meditações, Livro 7, 59.

6 de novembro

"Alguém me despreza? Deixe que ele se resolva com isso. E deixe-me cuidar para que eu não seja encontrado fazendo ou dizendo nada digno de seu desprezo. Alguém me odeia? Isso é problema dele. Serei gentil e afável com todos, e pronto para mostrar seu erro àquele que me odeia; não para repreendê-lo, ou para mostrar minha paciência, mas por bondade genuína."

Marco Aurélio, Meditações, Livro 11, 13.

7 de novembro

"Você está prestes a morrer, mas ainda não atingiu a simplicidade ou a calma, ou a descrença de que pode ser ferido por coisas externas. Você não aprendeu a ser gentil com todos os homens, tampouco a lidar com toda a sabedoria."

Marco Aurélio, Meditações, Livro 4, 37.

8 de novembro

"Lembre-se de que não é o outro quem insulta, agride ou afronta, mas a visão que consideramos dessas coisas como um insulto. Quando, portanto, alguém o provoca, fique certo de que é a sua própria opinião que o provoca."

Epiteto, Encheiridion, 20.

9 de novembro

"Nenhum homem se torna corajoso através da raiva, exceto aquele que na falta dela não seria corajoso de forma alguma: desta forma, a raiva não vem para auxiliar a coragem, mas para tomar o seu lugar."

Sêneca, Sobre a Ira, Livro 1, 13.

10 de novembro

"Aquele que não sabe para que fim foi criado não conhece a si mesmo e não conhece o mundo. Aquele que é deficiente em qualquer uma dessas partes do conhecimento não pode nem mesmo dizer para qual fim ele mesmo foi criado. Que tipo de homem, então, lhe parece aquele que persegue os aplausos ou teme a ira de quem não sabe nem onde está ou o que é?"

Marco Aurélio, Meditações, Livro 8, 52.

11 de novembro

"Você não se envergonha de olhar para as riquezas com admiração? Olhe para o Universo: verá que os deuses, que nada tem, fornecem todas as coisas."

Sêneca, Epístolas Sobre a Simplicidade, Epístola 110: Sobre a Simplicidade.

12 de novembro

"Não faça mais discursos sobre como um homem bom deve ser; mas seja um."

Marco Aurélio, Meditações, Livro 10, 16.

13 de novembro

"A mente, quando está à mercê da raiva, do amor ou de qualquer outro sentimento passional, é incapaz de se controlar [...]."

Sêneca, Sobre a Ira, 7.

14 de novembro

"A mente-guia sabe qual é sua própria condição, como e de que matéria seu trabalho é feito."

Marco Aurélio, Meditações, Livro 6, 5.

15 de novembro

"Aquele que a todo momento segue a razão está sempre livre, mas sempre pronto para a ação, sempre alegre, mas sereno."

Marco Aurélio, Meditações, Livro 10, 12.

16 de novembro

"O caráter de um homem deve brilhar claramente em seus olhos; assim como uma pessoa amada vê o amor nos olhares daqueles que o querem bem. O homem honesto e bom deve ser como alguém de odor fétido que pode ser reconhecido pelos outros assim que ele se aproxima, quer queira ou não."

Marco Aurélio, Meditações, Livro 11, 15.

17 de novembro

"Para cima, para baixo, em voltas e voltas corre o curso dos elementos. Mas o curso da virtude não é como nenhum desses; segue um caminho divino, mas difícil de conceber."

Marco Aurélio, Meditações, Livro 6, 17.

18 de novembro

"Um homem toma banho rapidamente? Não diga que ele o faz mal, mas às pressas. Alguém bebe muito vinho? Não diga que ele o faz de forma nociva, apenas que bebe muito. Pois, a menos que você entenda perfeitamente seus motivos, como é que saberá se ele está agindo mal? Assim, você não correrá o risco de ceder a quaisquer aparências, mas somente àquelas que você compreende totalmente."

Epiteto, Encheiridion, 42.

19 de novembro

"Olhe para dentro de si. Não deixe que a qualidade ou o valor apropriado de qualquer coisa lhe escape."

Marco Aurélio, Meditações, Livro 6, 3.

20 de novembro

"Se deseja deixar para trás tudo o que é passado, entregue o futuro à Providência e regule o presente na piedade e na justiça. Na piedade, para que você ame a sua sorte designada [...] na justiça, para que possa falar a verdade sem constrangimento ou engano; para que você possa fazer o que é lícito e apropriado."

Marco Aurélio, Meditações, Livro 12, 1.

21 de novembro

"Não temos necessidade de armas externas, a natureza nos equipou o suficiente ao nos dar a razão."

Sêneca, Sobre a Ira, Livro 1, 17.

22 de novembro

"Não se preocupe com o futuro. Você chegará a ele, se necessário, com o mesmo poder de raciocínio que usa em seus assuntos atuais."

Marco Aurélio, Meditações, Livro 7, 8.

23 de novembro

Todas as coisas são realizadas de acordo com a vontade da Natureza universal.

Marco Aurélio, Meditações, Livro 6, 9.

24 de novembro

Se julgarmos apenas as coisas que estão em nosso poder como boas ou más, não há mais razão para acusar os deuses ou para odiar os homens.

Marco Aurélio, Meditações, Livro 6, 41.

25 de novembro

Na escrita e na leitura, você deve ser guiado antes de poder guiar. Isso é ainda mais importante na vida.

Marco Aurélio, Meditações, Livro 11, 29.

26 de novembro

É necessário um grande homem, alguém que se elevou muito acima das fraquezas humanas, para não permitir que seu tempo lhe seja roubado, e é por este motivo que a vida de tal homem é muito longa, porque ele dedicou a si mesmo totalmente o tempo que teve.

Sêneca, Sobre a Brevidade da Vida, 7.

27 de novembro

"Sempre que sua situação lhe causar problemas, volte rapidamente para si mesmo e não interrompa o seu ritmo de vida mais do que o necessário. Sua compreensão da harmonia se tornará mais segura pela recorrência contínua a ela."

Marco Aurélio, Meditações, Livro 6, 11.

28 de novembro

"O verdadeiro atleta é o homem que se exercita contra as aparências. [...] Grande é o combate, divino é o trabalho; é pela realeza, pela liberdade, pela felicidade, pela liberdade das perturbações."

Epiteto, A Seleção dos Discursos de Epicteto, "Como devemos lutar contra as aparências".

29 de novembro

"O maior obstáculo da vida é a expectativa, que depende do amanhã e do desperdício do hoje. Você dispõe daquilo que está nas mãos das circunstâncias, e deixa de lado o que está em suas mãos."

Sêneca, Sobre a Brevidade da Vida, 9.

30 de novembro

"Coisas de grande valor frequentemente são vendidas a troco de nada, e vice-versa."

Diógenes Laércio, "As vidas e opiniões de filósofos eminentes, Livro 6, 2, 6.

1 de dezembro

"Algumas pessoas disseram a Diógenes: 'Você está velho, deveria usar o resto de sua vida para descansar'; 'Mas por quê?', respondeu ele, 'vamos supor que eu corri uma longa distância; por que eu pararia quando estou quase em meu destino, sendo que posso prosseguir?'."

Diógenes Laércio, "As vidas e opiniões de filósofos eminentes", Livro 6, 2, 6.

2 de dezembro

"Leva-se uma vida inteira para aprender como viver, e – o que talvez faça você refletir ainda mais – leva-se uma vida inteira para aprender como morrer."

Sêneca, Sobre a Brevidade da Vida, 7.

3 de dezembro

"Quando você faz uma ação gentil, outra pessoa se beneficia. Por que vocês, como os tolos, exigem algo além – uma reputação de benevolência ou retribuição pelo que foi feito?"

Marco Aurélio, Meditações, Livro 7, 73.

4 de dezembro

"Se você está com raiva, vai brigar primeiro com este homem, e depois com aquele; primeiro com escravos, depois com homens livres; primeiro com os pais, depois com os filhos; primeiro com conhecidos, depois com estranhos; pois há motivos para raiva em todos os casos, a menos que sua mente interfira e interceda por você."

Sêneca, Sobre a Ira, 28.

5 de dezembro

"Você suportou inúmeros sofrimentos por não estar satisfeito com sua própria parte governante quando ela faz as coisas para as quais foi criada. Dê um basta nisso."

Marco Aurélio, Meditações, Livro 9, 26.

6 de dezembro

"Acostumemo-nos, portanto, a poder jantar sem grandes companhias, a ser servidos por menos empregados, a fazer uso das roupas para o fim a que se destinam e a viver de forma mais modesta."

Sêneca, Epístolas Sobre a Simplicidade, Epístola 110: Sobre a Simplicidade.

7 de dezembro

"Sobre a morte: se o Universo é um conjunto de átomos, a morte é a dispersão destes; se for uma unidade ordenada, a morte é uma extinção ou uma transição para um outro estado."

Marco Aurélio, Meditações, Livro 7, 32.

8 de dezembro

"Lembre-se de que mudar seu curso e seguir qualquer homem que possa corrigi-lo não compromete sua liberdade. O ato é seu, executado em seu próprio impulso e julgamento, e de acordo com seu próprio entendimento."

Marco Aurélio, Meditações, Livro 8, 16.

9 de dezembro

"Os homens não podem admirá-lo por sua astúcia. Muito bem. Mas há muitas outras qualidades das quais você não pode dizer: 'Não está em mim'. Procure, então, exibir estas que estão totalmente em seu poder: sinceridade, dignidade, diligência; desprezo do prazer, sem queixa do destino, necessidade de poucas coisas; gentileza e franqueza; sem amor a exageros e conversas vãs; esforço pela grandeza."

Marco Aurélio, Meditações, Livro 5, 5.

10 de dezembro

"É uma vergonha e uma desonra que, na vida de qualquer homem, a alma desfaleça de seu dever enquanto o corpo ainda se mantém."

Marco Aurélio, Meditações, Livro 6, 29.

11 de dezembro

"Se você deseja progredir, contente-se em ser considerado tolo e obtuso com relação às coisas externas. Queira ser considerado como aquele que não sabe nada; e se você parecer a outros que é alguém importante, desconfie de si mesmo. Com certeza, não é fácil manter sua vontade em harmonia com a sua natureza e manter as aparências ao mesmo tempo; mas enquanto você estiver absorto em um, você necessariamente irá negligenciar o outro.

Epiteto, Encheiridion, 13.

12 de dezembro

Como é fácil rejeitar e apagar cada ideia perturbadora e inadequada; e imediatamente desfrutar de perfeita tranquilidade.

Marco Aurélio, Meditações, Livro 5, 2.

13 de dezembro

Busque refúgio nas coisas mais tranquilas, mais seguras e mais elevadas!

Sêneca, Sobre a Brevidade da Vida, 19.

14 de dezembro

Lembre-se de que, se você for persistente, aquelas mesmas pessoas que a princípio o ridicularizaram, depois, vão admirá-lo. Mas se você se deixar dominar por eles, será duplamente ridicularizado.

Epiteto, Encheiridion, 22.

15 de dezembro

Quando criticado por sua velhice, Cleantes replicou: 'Eu também desejo partir, mas quando me vejo com boa saúde em todos os aspectos e sou capaz de ler e recitar, permaneço contente em ficar'.

Cleantes, citado por Diógenes Laércio,
As Vidas e Opiniões de Filósofos Eminentes, Livro 7, 5, 4.

16 de dezembro

A Natureza racional prospera enquanto não concorda com nenhuma opinião falsa ou incerta, enquanto dirige seus impulsos apenas para fins altruístas, enquanto visa seus desejos e aversões apenas às coisas ao seu alcance, e enquanto acolhe com contentamento tudo o que a Natureza universal ordena.

Marco Aurélio, Meditações, Livro 8, 7.

17 de dezembro

Ele é um guerreiro melhor do que você, mas não é mais espirituoso em público, ou mais modesto ou está mais preparado para os acidentes do destino; tampouco é mais gentil com as dificuldades de seus vizinhos.

Marco Aurélio, Meditações, Livro 7, 52.

18 de dezembro

"Quer o destino nos vincule por uma lei inexorável, quer seja Deus árbitro se o Universo organizou tudo, ou quer o acaso conduza e destrua os nossos planos aleatoriamente, a Filosofia há de ser nossa defesa."

Sêneca, Epístolas sobre a Virtude, Epístola 16, "Filosofia, o guia da vida."

19 de dezembro

"Quando você está entristecido por alguma coisa externa, não é a coisa em si que o aflige, mas o seu julgamento a respeito dela. Este julgamento está em seu poder abater."

Marco Aurélio, Meditações, Livro 8, 47.

20 de dezembro

"Lute muito consigo mesmo e, se você não conseguir vencer a raiva, não deixe que ela o conquiste: você já começou a vencer a batalha se ela não se mostrar, se não der vazão. Oculte seus sintomas e, na medida do possível, mantenha-os em segredo e ocultos. Isso nos dará muito trabalho, pois a ira está ansiosa para explodir, acender nossos olhos e transformar nosso rosto; mas se permitirmos que ela se mostre na aparência externa, ela será nosso mestre."

Sêneca, Sobre a Ira, 13

21 de dezembro

"Se um homem está errado, instrua-o gentilmente e mostre-lhe o erro. Se você for incapaz de fazer isso, culpe a si mesmo ou a ninguém."

Marco Aurélio, Meditações, Livro 10, 4.

22 de dezembro

"Não se exalte com nenhuma qualidade que não seja a sua. Se um cavalo fosse exultante e dissesse: 'Eu sou bonito', poderia ser tolerável. Mas quando você é exultante e diz: 'Eu tenho um cavalo bonito', saiba que você está exaltando apenas o mérito do cavalo. Então, qual é o seu mérito?"

Epiteto, Encheiridion, 6.

23 de dezembro

"A morte é o fim das impressões sensuais, dos impulsos das paixões, dos questionamentos da razão e da servidão à carne."

Marco Aurélio, Meditações, Livro 6, 28.

24 de dezembro

"Não ordene sua vida como se tivesse dez mil anos para viver. O destino paira sobre você. Enquanto você viver, enquanto ainda pode, seja bom."

Marco Aurélio, Meditações, Livro 4, 17.

25 de dezembro

"Relembre tudo o que você passou, tudo o que você teve força para suportar. Sua vida agora é uma história que é contada, e seu serviço foi totalmente cumprido."

Marco Aurélio, Meditações, Livro 5, 31.

26 de dezembro

"Não se perturbe considerando a totalidade da vida e pensando na multidão e na grandeza das dores e problemas aos quais provavelmente estará exposto. À medida que cada um deles surgir, pergunte-se: 'há algo de intolerável e insuportável nisso?'."

Marco Aurélio, Meditações, Livro 8, 36.

27 de dezembro

"Considere-se morto, sua vida acabada e passada. Viva o que ainda resta de acordo com as leis da Natureza, como um excedente concedido a você além de sua esperança."

Marco Aurélio, Meditações, Livro 7, 56.

28 de dezembro

"Aqueles comprometidos por motivos de prazer são mais hediondos do que aqueles que são inclinados à paixão. Pois aquele que é vítima da paixão é claramente desviado da razão por algum espasmo e convulsão que o pega desprevenido. Mas aquele que peca por desejo é conquistado pelo prazer, e assim parece mais fraco em seus vícios."

Marco Aurélio, Meditações, Livro 2, 10.

29 de dezembro

"Para onde você olha? Qual objetivo você visa? Todas as coisas que ainda estão por vir estão na incerteza; viva imediatamente!"

Sêneca, Sobre a Brevidade da Vida, 9.

30 de dezembro

"A sua parte dominante é aquela que desperta e dirige a si mesma, tornando-se o que deseja ser, e fazendo com que tudo o que acontece tenha a aparência que desejar."

Marco Aurélio, Meditações, Livro 6, 8.

31 de dezembro

"Se você estiver disposto a pensar com frequência nessas coisas, você se esforçará não para parecer feliz, mas para ser feliz e, além disso, para ser feliz para si mesmo e não para os outros."

Sêneca, Epístolas Sobre a Simplicidade, Epístola 110: Sobre a Simplicidade.

BIBLIOGRAFIA

E- Referências

Antonino, Marco Aurélio. *The Meditations of the Emperor Marcus Aurelius Antoninus*. Tradução de George W. Chrystal. Disponível em https://www.gutenberg.org/files/55317/55317-h/55317-h.htm Acesso em 09/03/2022.

Epicteto. *The Enchiridion.* Tradução de Thomas W. Higginson. Disponível em https://www.gutenberg.org/files/45109/45109-h/45109-h.htm. Acesso em 09/03/2022.

___. *A Selection from The Discourses of Epictetus with The Encheiridion.* Tradução de George Long. Disponível em https://www.gutenberg.org/files/10661/10661-h/10661-h.htm. Acesso em 09/03/2022.

Laércio, Diógenes. *The Lives and Opinions of Eminent Philosophers*. Tradução de C.D. Yonge, B.A. Londres: H. G. Bohn, 1853. Disponível em https://www.google.com.br/books/edition/The_Lives_and_Opinions_of_Eminent_Philos/9-YFAAAAQAAJ?hl=pt-BR&gbpv=0. Acesso em 09/03/2022.

Sêneca, Lúcio Aneu. *Epistles on Friendship.* Tradução de Richard M. Gummere. Disponível em http://www.sophia-project.org/uploads/1/3/9/5/13955288/seneca_friendship.pdf. Acesso em 09/03/2022

___. *Epistles on Virtue.* Tradução de Richard M. Gummere. Disponível em http://www.sophia-project.org/uploads/1/3/9/5/13955288/seneca_virtue.pdf Acesso em 09/03/2022

___. *Espistles on Stoic Simplicity*. Tradução de Richard M. Gummere. Disponível em http://www.sophia-project.org/uploads/1/3/9/5/13955288/seneca_simplicity.pdf. Acesso em 03/05/2022.

___. *On Anger*. Tradução de John W. Basore. Disponível em http://www.sophia-project.org/uploads/1/3/9/5/13955288/seneca_anger.pdf. Acesso em 09/03/2022.

Referências Bibliográficas

Antonino, Marco Aurélio. *Meditações*. Tradução de Fábio Kataoka. São Paulo: Camelot Editora, 2021.

Feracine, Luiz. *Filósofo Estoico e Tutor de Nero.* São Paulo: Editora Escala, 2011.

Marcondes, Danilo. *Iniciação à História da Filosofia dos Pré-Socráticos a Wittgenstein.* Rio de Janeiro: Zahar, 2007.

Sêneca, Lúcio Aneu. *On the Shortness of Life.* Tradução de John W. Basore. Londres: William Heinemann, 1932.

___. *Sobre a Brevidade da Vida*, Tradução de Claudio Blanc. São Paulo: Camelot, 2021.

MARCO AURÉLIO

SÊNECA

DIÓGENES
LAÉRCIO

ZENÃO

EPITETO

MARCO AURÉLIO

SÊNECA

DIÓGENES
LAÉRCIO

EPITETO

DIÓGENES
LAÉRCIO

ZENÃO

ZENÃO

EPITETO

SÊNECA

MARCO
AURÉLIO

MARCO AURÉLIO

SÊNECA

DIÓGENES LAÉRCIO

ZENÃO

EPITETO

MARCO AURÉLIO

SÊNECA

DIÓGENES LAÉRCIO

EPITETO

DIÓGENES LAÉRCIO

ZENÃO

ZENÃO

EPITETO

SÊNECA

MARCO AURÉLIO